Luca Casamassima

Lei è brutto, si informi!

Body shaming, grassofobia e quel terribile silenzio sull'universo maschile

Titolo dell'opera:
Lei è brutto, si informi!
Body shaming, grassofobia e quel terribile silenzio
sull'universo maschile

Progetto grafico: Antonella Bagordo
Editing: Deborah Fasola

A tutti quelli che hanno fatto in tempo

Nota dell'autore

Si assiste da diverso tempo, per fortuna, all'incremento delle trattazioni in merito ai fenomeni della grassofobia e del body shaming.

Instagram, YouTube, blog, siti internet, articoli di giornale, saggi, servizi fotografici sembrano essere riusciti nel difficile intento di creare una breccia dalla quale far passare una luce sufficientemente forte per porre all'attenzione di tutti i risvolti psicologici della cosa. Tuttavia, il grande assente dal palcoscenico sembrerebbe essere proprio il corpo maschile.

Degli uomini si parla poco e gli stessi uomini poco si espongono in merito, lasciando di fatto quasi vuoto il posto che spetterebbe alle loro voci sui fenomeni in questione.

Mi sono domandato il perché. Mi sono chiesto cosa avesse contribuito a costruire questo silenzio imperante. Ho sentito l'urgenza di dare una risposta ai miei interrogativi.

Il body shaming e la grassofobia non riguardano il corpo maschile? O magari lo riguardano in qualche modo ma non riescono a scalfirlo più di tanto, non creano ferite, non danno luogo a sofferenze o a effetti a lungo termine? Sono forse pochi i luoghi – fisici e virtuali – disposti ad accogliere la narrazione maschile? Luoghi protetti, sicuri, dove i ragazzi e gli adulti possano contare su un clima sereno e rispettoso capace di scardinare le reticenze al racconto di sé e delle proprie vicissitudini interiori? Gli uomini hanno il *diritto* di mostrare il proprio mondo emotivo o sono intrappolati in una gabbia sociale figlia di un ruolo di genere che impone di tacere sulla componente emozionale che entra in gioco quando si parla dell'offesa alla propria corporeità?

Potevo ottenere risposte in un unico modo: interpellando gli uomini e chiedendo direttamente loro di provare ad aprirsi, a raccontarsi, a riflettere sulla cosa, a dare il loro punto di vista.

Ciò che stai per leggere è la risposta alle mie domande. Una trattazione che contiene una ricerca, contiene voci, contiene racconti, contiene numeri.

Non si tratta che di un piccolo passo sull'argomento, naturalmente, ma sono convinto che offra degli spunti di riflessione interessanti e che lanci una sfida alla pedagogia e al mondo educativo perché comincino più seriamente ad occuparsi anche di questi aspetti, affinché nessuno – donna o uomo che sia – si senta di fatto escluso dalla possibilità di vivere una vita serena con il proprio corpo e la propria personale e originalissima bellezza.

Introduzione

Dietro qualunque professionista, a maggior ragione quelli che operano nel settore educativo – siano esse figure di primo o secondo livello – si nascondono degli ideali, delle convinzioni, delle precise ideologie sociali che guidano l'agire, l'interrogarsi, l'operare con la materialità educativa. Sarebbe bello (per alcuni) illudersi che l'essere umano e il cittadino possano sganciarsi dal consulente, dal pedagogista o dall'educatore, lasciandoli così "liberi" di rappresentare solo e unicamente la loro essenza lavorativa scevra da qualunque interesse personale o da qualunque personale moto di slancio per così dire privato, ma non rientro in questa schiera e anzi sono fortemente convinto che proprio dalle personali credenze, dalle personali battaglie, dal personale modo di intendere la vita, la società e l'educazione possano nascere lavoratori migliori, intellettuali capaci realmente di dare un contributo concreto, professionisti finalmente liberi dal fantasma dell'oggettività e dunque dinamicamente inseriti nel quotidiano fluire delle cose, evitando così il rischio pericoloso di fare dell'area pedagogica un argomento da "tavolino", come Dewey segnalava giusto qualche annetto fa.

Nasce così, dunque, dal mio profondo interesse per la fragilità umana, dai miei ideali sociali, dalla mia idea di educazione e di professionisti che vi operano, il bisogno di approfondire la tematica del body shaming e della grassofobia, con una particolare attenzione all'universo maschile e al silenzio che sembra regnarvi in merito a questi e ad altri argomenti che io ritengo fortemente interconnessi.

Il lavoro si propone di avviare il suo ragionamento con un interrogativo che reputo ormai fondamentale: la sensibilità è una questione di genere? Possiamo continuare a credere che l'animo maschile sia così distante dal mondo emotivo da non rimanere allo stesso modo ferito, incrinato, deluso, colpito, mortificato da fenomeni che lo riguardano da vicino e che sembrano non trovare più di tanto spazio nella letteratura scientifica, soprattutto quella italiana?

Nella prima parte del lavoro, dunque, si intende approfondire l'universo variegato del body shaming, analizzandolo sia per ciò che concerne il suo abbattersi sul corpo femminile (con il quale non siamo assolutamente in competizione e che lungi da noi ritenere troppo discusso, giacché di dialogo non ve n'è mai abbastanza) sia per ciò che riguarda invece il suo risvolto maschile: dalla costruzione dei ruoli di genere al concetto di mascolinità tossica che si produce e serpeggia, dalla grassofobia alle diverse modalità con cui il fenomeno della derisione del corpo si articola per i due sessi, fino ad arrivare ai movimenti che hanno tentato e tentano di fornire una risposta alla cosa, come il "body positivity", la "fat acceptance" e il controverso pensiero sulla "diet culture". Saranno menzionati, naturalmente, i risvolti nel campo della moda con l'introduzione dell'universo "curvy" ma soprattutto si è deciso – come in apertura annunciato – di soffermarsi anche sul desolante silenzio che riguarda la figura maschile; un silenzio figlio, forse, come detto, della concenzione che agli uomini sia preclusa quella sensibilità e quindi quella ferita sociale che ha dato linfa al desiderio di risposta femminile, preparando il terreno nel quale sono poi fioriti movimenti di varia natura perché il problema del body shaming e della grassofobia non passassero in secondo piano, perché si ponesse sotto i riflettori il risvolto psicologico della cosa, perché non ci si illudesse che una parola sbagliata o un atteggiamento ostile fossero in qualche modo esentasse.

Si parlava di silenzio. Proprio per il silenzio imperante nella e sulla compagine maschile, si è deciso di dedicare la seconda parte del lavoro alla presentazione di dati raccolti attraverso l'ideazione e la somministrazione di un questionario online. Passando brevemente in rassegna i metodi della ricerca in educazione – e cercando anche di superare la dicotomica e nociva guerra tra qualitativo e quantitativo – ci si è riproposto di dare voce agli uomini in merito al loro percorso di vita, sondando i loro vissuti per capire se e quanto abbiano inciso il body shaming o la grassofobia nel loro percorso relazionale, lavorativo, esistenziale. L'idea è stata quella di raccogliere, in maniera trasversale all'appartenenza geografica, al livello di istruzione, all'età e alla professione svolta, in modo totalmente anonimo, dati che possano "parlare" di un fenomeno spesso taciuto dalle stesse vittime, convinto che gli spazi della narrazione di sé siano offerti agli uomini in maniera troppo sporadica e poco rilevante.

La terza e ultima parte del lavoro intende interrogare l'area educativa sul fenomeno. Al di là dei movimenti sorti per contrastarli nel corso degli anni, il body shaming e la grassofobia sono fronti ai quali la pedagogia non può – a mio avviso – negare la sua attenzione. Come possono educatori e pedagogisti intervenire affinché non resti una problematica marginale sul panorama delle esigenze formative di un Paese? In che modo si può pensare di rivoluzionare la percezione di sé e quindi dell'altro, in un'ottica che risulti essere realmente inclusiva? Se fino a questo momento la pedagogia si è occupata quasi totalmente dell'inclusione nelle aule scolastiche o nei quartieri con un alto tasso di presenza "straniera", non è forse il caso che annoveri tra i suoi obiettivi anche l'inclusione di corpi non standardizzati o di fragilità personali a prescindere dal sesso di chi le vive in prima persona? Possono i professionisti della compagine educativa essere concretamente impegnati nella guerra contro il fenomeno della grassofobia e del body shaming?

Con una attenzione al mondo dei social, veicoli privilegiati dell'offesa anonima e protetta, si tratteranno i risvolti educativi della costruzione di genere, identificando il body shaming come un problema prettamente educativo. Si cercherà di capire come e in che misura l'educazione all'inclusione, all'affettività, all'empatia, agli stati d'animo e alle emozioni altrui, all'accettazione di sé e degli altri possano essere la chiave di volta per affrontare il disagio vissuto dalle vittime e prevenirlo.

Si tratta di scegliere – per i professionisti dell'educazione – se essere in prima linea o meno, con la consapevolezza che spetterà alle generazioni future (e presenti) constatare la loro efficacia.

Parte 1

1

La sensibilità è una questione di genere?

Abbiamo la fortuna di vivere in un'epoca che – seppur ben lontana dalla risoluzione di alcune tematiche necessarie – pare quantomeno non tirarsi più indietro di fronte alla loro problematizzazione. Aprire dibattiti su alcuni aspetti dell'umano vivere, discuterne, alzare o abbassare i toni mantenendo però vigile l'attenzione, sono armi di cui fino a qualche tempo fa non potevamo disporre. In particolar modo negli ultimi anni è di molto aumentata la capacità di interrogarsi su totem che parevamo inamovibili, come la questione del genere, pur con tutta la politicizzazione che si deve sopportare quando ci si addentra nella sua trattazione.

Proprio in questo ambito sembrerebbe essere tramontata l'idea che la *natura* sia la risposta ad alcuni comportamenti o ad alcuni atteggiamenti sociali: "Limitarsi a sottolineare i fattori biologici per spiegare le differenze di genere equivarrebbe inoltre a definire ininfluenti i vari sforzi educativi. Pedagogia e psicoterapia, e persino educazione e informazione, non sarebbero fondamentalmente di alcuna utilità."[1] in favore invece di una lettura più particolareggiata che tenga in conto

---

[1] Süfke B., *Quello che gli uomini non sanno dire. Le emozioni nascoste dell'animo maschile,* Milano, Feltrinelli, 2010, p.27

una serie di percorsi di costruzione della personalità. Nello specifico, risulterebbe di primaria importanza il processo di *socializzazione* che "consisterebbe, quindi, in una progressiva interiorizzazione, da parte dell'individuo, delle norme sociali dalla quale scaturisce un atteggiamento di adeguamento dell'individuo stesso alla realtà sociale."[2] ma attenzione ad immaginarlo come un processo meramente passivo nel quale l'individuo è in qualche modo indottrinato senza possibilità di discernimento: il cammino dell'adeguamento oscilla tra la trasmissione di rappresentazioni sociali e la mediazione in prima persona che ne consente una sorta di originale rilettura.

Se, dunque, siamo sottoposti ad una serie di aspettative alle quali si deve corrispondere, siamo anche contemporaneamente liberi di acquisire da questa trasmissione ciò che riteniamo sia giusto continuare a portare avanti, in linea con la nostra persona, i nostri ideali, la nostra concezione di società, di vita e quindi anche di rapporto con il proprio sesso e il proprio genere. Sarebbe utopico pensare di poter agire come schegge impazzite in una società normalizzante come la nostra; ciò che arriva con la socializzazione è ciò che a livello sociale si è fino a quel momento trasmesso, rappresentando quindi il pensiero imperante. Il discorso sulle rappresentazioni sociali ci aiuta, in questo senso, anche a comprendere la motivazione profonda dell'esistenza di questi schemi arrivati in dote: "Lo scopo di tutte le rappresentazioni sociali è quello di rendere qualcosa di inconsueto, o l'ignoto stesso, familiare. [...] È difficile, se non

---

[2]Cazora Russo G., *I fanciulli, la socializzazione e i ruoli futuri,* Milano, Franco Angeli, 2004, p.12

impossibile, stare dinnanzi a qualcosa di totalmente nuovo. […] Il non familiare è spaesante. […] La rappresentazioni che si generano, tramite complessi meccanismi di categorizzazione, nominazione e oggettivazione, consentono di attribuire nomi e di dare una collocazione al non familiare nel mondo conosciuto."[3]

Ma se è vero, come appena notato, che utilizziamo ciò che sappiamo per leggere le novità che incontriamo sul nostro cammino, è anche vero che possiamo comunque renderci consapevoli di questo meccanismo nel tentativo di scostarci leggermente dall'idea che il nostro credo sul mondo e sui suoi abitanti rappresenti l'unica verità possibile. La consapevolezza ci permetterà di fare un ulteriore passo in avanti, provando a mettere insieme quanto presentato fino a questo momento: "L'ordine sociale di genere infatti è qualcosa che apprendiamo fin da piccolissime/i ed è un principio organizzatore così pervasivo da divenire uno dei principali modi che si utilizzano per dare senso al mondo circostante. Come tutte le costruzioni sociali, infatti, anche l'ordine di genere è introiettato e naturalizzato attraverso un processo complesso nel quale corpi e identità di genere plasmate dal processo di socializzazione […] si confrontano con stereotipi e aspettative sociali. […] Il genere può, dunque, essere concepito come una struttura sociale."[4]

---

[3](a cura di) Ferrante A., Gambacorti-Passerini M. B., Palmieri C., *L'educazione e i margini. Temi, esperienze e prospettive per una pedagogia dell'inclusione sociale,* Milano, Guerini, 2020, pp. 35-36-37

[4]Abbatecola E., Stagi L., *Pink is the new black. Stereotipi di genere nella scuola,* Torino, Rosenberg & Sellier, 2017, p. 11

Dunque, ciò che rappresenta nella società di oggi essere un uomo o una donna, è figlio di rappresentazioni sociali che vogliono uomini e donne detentori di caratteristiche peculiari ben specifiche, sia dal punto di vista fisico che caratteriale, sia per ciò che concerne capacità lavorative sia per quanto riguarda l'abbigliamento e finanche l'uso dei colori. Tutto è incasellabile, tutto è soggetto ad una categorizzazione dalla quale è difficile fuggire.

Naturalmente, per il nostro ambito di interesse e per ciò che ci è utile menzionare in questa sede, la nostra attenzione si focalizza adesso sulla sfera emotiva e sentimentale: anche le emozioni provate e i sentimenti vissuti hanno un sesso? Una donna può provare rabbia? Un uomo può provare tristezza? La *sensibilità* è prettamente un aspetto femminile? L'uomo può essere sensibile? Da ciò che vedremo in seguito, sembrerebbe esserci una risposta molto netta a questa domanda nonostante in apertura si siano sottolineati i passi avanti compiuti fino a questo momento soprattutto nella trattazione di alcune tematiche. Sviscerare è un inizio ma ciò non significa che all'atto pratico, nella concezione sociale e di sé in prima persona, cambi effettivamente qualcosa. Se anche i sentimenti hanno un colore e possono essere provati dai due sessi solo se rispettano la rappresentazione sociale che dei due sessi si fa, come non riconoscere logicamente consequenziale l'idea che ai maschi manchi quella sensibilità utile per vivere un disagio legato alla propria corporeità e ai fenomi che la riguardano e che in questa sede si intende approfondire? Se gli uomini non sono sensibili, allora che importanza può avere approfondire aspetti legati alla ferita inflitta alla sensibilità personale da fenomeni come body shaming e grassofobia nell'universo maschile?

Prima di soffermarci però sui due fenomeni, proveremo a rispondere ad un'altra domanda che ci pare altrettanto importante: può entrare in crisi chi non è provvisto di sensibilità?

2

Crisi e mascolinità tossica

"Sensibilità e forza? Sembrano due opposti, come fuoco e acqua, dolce e salato, chiaro e scuro. Come è possibili associarli? E chi ammetterebbe senza problemi di essere fragile, quando per la nostra società sembra imprescindibile essere disponibili e produttivi ventriquattr'ore su ventiquattro? Mostrarsi deboli? Pessima idea. Essere sensibili, peraltro, non è nemmeno sexy. O sì? La sensibilità è considerata poco professionale: troppe emozioni disturbano, specialmente sul lavoro. La vita non è tutta rose e fiori. Potrai riposarti quando sarai morto. Deve essere questa la mentalità imperante."[5]
Non è difficile continuare a trovare tracce di chi attribuisce alla compagine femminile la prerogativa della sensibilità e dell'emotività. La donna – libera, forse, finalmente, dall'idea dell'angelo del focolare – ha trovato però un nuovo posto sullo scenario sociale: detentrice della sfera di tutto ciò che è *fragile*. I sentimenti e le emozioni – se non legate ad uno scenario guerresco o cameratesco – possono essere vissuti pienamente dalle donne in quanto esseri umani *inclini* al pensiero, al mondo emotivo; sul luogo di lavoro così come nella vita

---

[5]Sohst K., *Più sensibili più forti. Quando l'alta sensibilità diventa una risorsa preziosa,* Firenze, Giunti Editore, 2020, p. 2

quotidiana e negli organi di informazione emerge una guerra silenziosa verso una sensibilità maschile non riconosciuta, priva di spazi di narrazione, assolutamente fuori luogo. Gli uomini, idealmente rappresentati ancora come portatori di una clava metafisica, hanno l'obbligo e quindi il dovere di non curarsi di ciò che può sminuire la loro virilità, fragilità compresa ovviamente. Eppure, siamo di fronte ad una spaccatura piuttosto importante: da un lato sembra essere l'ideale, la rappresentazione sociale, la storia trita e ritrita dell'uomo che non deve chiedere mai; dall'altro assistiamo invece finalmente ad un cambiamento piuttosto sostanzioso su tutto ciò che riguarda il riposizionamento della figura femminile sullo scenario familiare, lavorativo, socio-economico e culturale. Le donne hanno saputo – attraverso movimenti, lotte, libri, spettacoli, piazze – riprendere pian piano una personale libertà d'azione, di movimento e di pensiero. Senza addentrarci ulteriormente negli orrori che la cultura patriarcale ha imposto come modus vivendi, possiamo affermare che da anni è in corso uno slittamento importante di faglie che sembravano immobili. Uno slittamento che, come ogni movimento tellurico, ha creato non pochi terremoti e non poca paura nel mondo maschile: "Se il mondo è cambiato dobbiamo cambiare gli occhi con cui lo guardiamo. È tramontato un mondo in cui il lavoro era prerogativa maschile ed era il riferimento prioritario per la costruzione dell'identità. [...] I luoghi del lavoro e delle professioni, le competenze, il ruolo di sostentamento economico sono sempre meno esclusive maschili."[6]

Una crisi vera e propria, dunque, in cui il ruolo maschile ha visto vacillare la sua storicamente solida posizione di centralità. Naturalmente questo non ha riguardato solo la sfera economica: il campo della sessualità, della quotidianità, dello sport, del costume, dello spettacolo, ecc. ha subìto un cambiamento di non poco conto, mettendo gli uomini di fronte al crollo di certezze che parevano inamovibili. Potremmo identificare le reazioni alla crisi con due tipologie di risposte: la prima è quella che – ci arroghiamo il diritto – definiremmo *sana:* "Anche se vecchi modelli stereotipati tornano ambiguamente in forme sempre aggiornate, è irrimediabilmente entrata in crisi l'illusione che attitudini e ruoli di genere consolidati siano naturali. [...] Come riconoscere le opportunità che si aprono per le nostre vite concrete e le nostre prospettive esistenziali, oltre il disagio, la frustrazione e il disorientamento? [...] E se il cambiamento in cui siamo immersi non fosse una minaccia ma un'opportunità per gli uomini?"[7]

Se di fronte al cambiamento in atto rinunciamo alla chiusura e lasciamo che la curiosità ci guidi verso la novità, abbiamo possibilità di trasformare ciò che appare come la fine di un'epoca in una straordinaria opportunità di rilettura della realtà. Tuttavia, una seconda strada si è andata configurando come risposta al cambiamento ed è quella che potremmo definire come la strada della *mascolinità tossica.*

"Quando si parla di liberazione dalla mascolinità tossica, c'è

---

[6]Ciccone S., *Maschi in crisi? Oltre la frustrazione e il rancore,* Torino, Rosenberg & Sellier, 2019, p.8

[7]Ivi, p. 9

sempre qualcuno che si spaventa. Aiuto! Ci vogliono togliere le sane vecchie abitudini da maschi, tipo bere whisky, masticare tabacco, sputare con lo scaracchio grasso e aggiustare motori. [..] Il problema casomai è gerarchico, per cui fare cose 'da uomini' è fico [...] mentre le cose 'da donne' sono un po' ridicole [...][8]

Ancora una volta sembrano profilarsi all'orizzonte quelle rappresentazioni sociali trattate in apertura: ciò che un uomo dovrebbe fare, ciò che una donna dovrebbe fare; non vi è possibilità di scambio che non attiri l'ira funesta del sopracciglio alzato per disappunto. Eppure, molto ha a che fare con l'aspettativa: "Ma facciamo un passo indietro: quali sono le radici della mascolinità tossica? Sebbene gran parte della pressione provenga da amici, familiari e ambienti sociali circostanti, l'influenza della comunicazione è notevole. Per molti, la lotta per riconciliare chi si è con ciò che la società vorrebbe che si fosse può essere dura. Molto ha a che fare con la mancanza di connessioni sociali autentiche: non possono essere se stessi con gli altri, non possono dire alla gente cosa provano realmente."[9]

Una narrazione del fenomeno, dunque, a metà tra la *colpa* individuale (avevamo parlato di una libertà d'azione nel processo di socializzazione) e quella della società, con le sue richieste, i suoi ideali di genere, le sue pretese. D'altra parte, il concetto di colpa ha ben poco di pedagogicamente rilevante:

---

[8]Blasi G., *Rivoluzione Z. Diventare adulti migliori con il femminismo,* Milano, Rizzoli, 2020, p.15

[9]Avallone A., *#datastories. Seguire le impronte umane sul digitale,* Milano, Hoepli, 2021, p. 5

colpevolizzare equivale a considerare la persona come il problema che vive o che ha generato. Il tentativo è sempre quello di provare a porsi domande diverse rispetto al fatidico 'Di chi è la colpa?' che non offre spunti di riflessione e blocca qualunque passo avanti.

Abbiamo in mano alcuni elementi e su questi dobbiamo provare a ragionare, come esseri umani e come professionisti della relazione di aiuto: se gli uomini fossero privi di sensibilità, avrebbero attraversato indenni la crisi che sembra aver colpito da vicino l'essenza sociale fino a quel momento attribuita. Dal momento che la sensibilità non appartiene ad un sesso o ad un genere ma è propria dell'essere umano in quanto tale, perché mai non dovremmo credere che anche la compagine maschile possa essere toccata da fenomeni riguardanti la propria corporeità?

Il discorso fin qui sviluppato ci è servito per comprendere che gli uomini hanno avvertito il peso di un cambiamento ed hanno reagito in modo diverso ai nuovi scenari. Che si sia scelta la via della curiosità o quella della mascolinità tossica – dove le 'cose da uomini' non prevedono né bambole, né smalti, né fragilità, né magliette rosa – la sensibilità agli avvenimenti esterni è un dato di fatto incontrovertibile.

Tra gli eventi esterni capaci di ferire la personale sensibilità, annoveriamo due fenomeni sui quali concentreremo le future energie: quello del body shaming e quello della grassofobia.

3

Di cosa parliamo quando parliamo di body shaming

Affinché sia quanto più chiara possibile la definizione del fenomeno del body shaming, dal momento che sarà uno dei due perni intorno al quale ruoterà l'intero lavoro, ci serviamo di voci diverse che mettono in risalto aspetti diversi per quanto naturalmente strettamente interconnessi.

"Un'altra pratica diffusasi online è il bodyshaming: da *body* (corpo) e *shaming* (da *to shame*, far vergognare, mettere in imbarazzo). Si intende dunque l'azione di criticare qualcuno in base alla forma, alle dimensioni o all'aspetto del suo corpo per farlo sentire a disagio, umiliarlo, farlo vergognare della sua apparenza. In tale dinamica, il 'carnefice' si configura come un individuo che ritiene che il suo giudizio abbia il potere di decidere il valore della persona derisa in base alla sua fisicità."[10] In questo caso, ci pare che al di là della definizione stessa del fenomeno, risulti di essenziale importanza il riferimento in chiusura sul carnefice, su chi mette in atto l'azione di scherno, identificata come una persona estremamente convinta di

---

[10](a cura di) Pennella A. R., *Storie di ordinaria dissociazione. Non pensiero e trauma tra storia, arte e psicoanalisi,* Milano, Franco Angeli, 2019, p. 67

detenere la verità assoluta sulle giuste modalità fisicamente accettabili per la vita in società. Il valore della persona colpita dal giudizio risiederebbe, dunque, nelle forme del suo corpo e nella disposizione più o meno accettabile delle sue cellule. Umiliando il corpo, si mira alla stima di sé e sul proprio senso di efficacia nelle strade del mondo.

"Questo può introdurci a un altro problema, attualissimo e poco trattato […], il body shaming, ovvero la condanna, quando non l'aggressione vera e propria, che si subisce per qualche particolare dell'aspetto fisico giudicato da qualcuno non gradevole (e non per forza realmente sgradevole). Troppo grosso, troppo magro, troppo alto o troppo basso: sono tutti concetti che possono nuocere gravemente a chi li vive o viene additato per questi aspetti. […] Tutti ne siamo a rischio. A chi di voi non sarà capitato di sentirsi dire: 'Ma come sei ingrassato!' oppure, al contrario, 'Ti trovo molto dimagrita'? Sono frasi dette spesso in buona fede, con superficialità, anche troppa, senza rendersi conto delle ferite che possono causare."[11] In questo secondo caso, l'attenzione si sposta su due concetti che ci preme mettere in risalto: il primo è quello della *condanna*. L'autore usa questo termine e centra il punto di tutto il discorso che, vedremo successivamente, si sviluppa intorno allo stigma vissuto dalle vittime del body shaming. La condanna arriva da chi sembra saperne di più: sulla salute, sull'estetica, sulla giusta misura, sulla giusta altezza, il giusto peso, ecc ecc. e di fatto determina una pena: quella di dover

---

[11]Di grazia S., *Quello che alle donne non dicono. La salute al femminile*, Bari, Editori Laterza, 2020, p.6

vivere da inadatti, fisicamente, alla società. Ci preme poi sottolineare anche la parte dedicata alle frasi di uso quotidiano che sfuggono al nostro controllo e rappresentano invece frecce delle quali non possiamo sapere né la forza né la destinazione. Quando incontriamo una persona, ci chiediamo prima se sia ingrassata o dimagrita, non se sia felice o triste: è una cosa alla quale dobbiamo fare l'abitudine o, come noi sosteniamo, è un meccanismo che possiamo scardinare?

Scopriremo come sia in gioco, prima di tutto, la scelta del paio di occhiali da utilizzare per la lettura del mondo: "La centralità dello sguardo posto sugli altri per dare un senso alle loro conoscenze e ai loro comportamenti ha spesso fatto dimenticare un semplice dato di fatto: anche noi siamo altri – diversi – per coloro che definiamo altri – diversi. Raramente, e solo alcuni, si soffermano a pensare che anche il loro sguardo è posto su di noi: gli altri culturali ci guardano, elaborano interpretazioni e opinioni sui nostri comportamenti, sulle nostre credenze, sui nostri atteggiamenti nei loro confronti proprio seguendo gli stessi nostri percorsi di attribuzione dell'alterità."[12] Il body shaming è un atto di deliberata superbia nel considerare il proprio punto di vista come l'unico possibile, senza tenere minimamente in conto l'originale visione delle cose che caratterizza ciascuno di noi nel proprio rapporto con il corpo e con il mondo. La ferita inflitta all'altro, così, diventa anche il modo per affermare la propria superiorità nella concezione delle forme adeguate. L'altro quindi, che sia uomo o donna non

---

[12](a cura di) Ronchetti B., Saracino M. A., Terrenato F., *La lettura degli altri,* Roma, Sapienza Università Editrice, 2015, p.10

importa, si trova sotto la lente di ingrandimento di una verità presunta che pretende – attraverso il dileggio – di provocare un cambiamento mirato allo stravolgimento di sé, con l'obiettivo di corrispondere a canoni di bellezza standardizzati, socialmente premiati, perfettamente corrispondenti alle rappresentazioni sociali maggioritarie.

Il fenomeno del body shaming è trasversale: colpisce ogni fisicità, ogni corporeità e prescinde – nonostante la narrazione voglia farci intendere il contrario – dal sesso e dal genere di una persona. Nonostante questo è possibile registrare alcune differenze in merito che ci preme esplicitare per entrare maggiormente nel vivo della trattazione.

4

Il body shaming al femminile

"Buccia d'arancia, pelle a materasso, culotte de cheval, maniglie dell'amore, ali di pipistrello... Bisogna ammettere che chiunque si sia inventato questi nomi ha avuto una fantasia sfrenata. Chi più chi meno, da soli o tutti insieme, gli inestetismi fanno parte della vita di ogni donna. Non importa che siate magre o grasse, alte o basse, toniche o con i tessuti più svuotati: gli inestetismi ci accomunano tutte, nessuna esclusa. […] Oggi un corpo più formoso non è più sinonimo di abbondanza e prosperità e diventa più spesso vittima del body shaming. Vengono stigmatizzate sia le donne più rotonde sia quelle troppo magre, ma anche quelle più muscolose oppure troppo seducenti."[13]

Se il fenomeno del body shaming è qualcosa di meno oscuro rispetto al passato, qualcosa dai contorni più netti, qualcosa che quasi quotidianamente è entrato a far parte di internet, della letteratura, della radio con racconti in prima persona e la nascita di movimenti tesi a contrastarlo con le armi della comunicazione, è certamente merito delle donne. Sono state le donne a cominciare un'opera certosina di scardinamento

---

[13]Compagni S., *Postura da paura. Tutto quello che devi sapere sull'allenamento femminile,* Milano, Sperling & Kupfer, 2021, p.36

dell'ideologia che ha poi portato molti a interessarsi alla questione. Non sorprende la cosa, dal momento che il corpo femminile – a differenza di quello maschile – ha sempre rappresentato un campo di battaglia sul quale paradossalmente le donne hanno cominciato ad essere presenti solo molto successivamente. Se parliamo di dileggio, di umiliazione, di volontà regolatrici, non possiamo non citare la politicizzazione del corpo femminile, la sua oggettivazione, la sua mercificazione, e sarebbe superfluo parlare di attitudini spiccatamente patriarcali della società per spiegarne i risvolti quotidiani. Dai complimenti rozzi alle offese, il corpo femminile ha rappresentato e rappresenta il punching ball sul quale da tempo si scarica una rappresentazione sociale tossica. Se – dunque – vi sono certamente componenti più strettamente fisiche da tenere in considerazione, a queste vanno aggiunte componenti ideologiche: il corpo femminile non si oltraggia unicamente per questioni estetiche ma anche per questioni politiche. Impossibile non citare un intervento su Facebook di Michela Murgia in proposito, nel quale la scrittrice elenca un piccolo numero di offese ricevute sui social: "Scrofa. Palla di lardo. Cesso ambulante. Vacca. Peppa pig. Sbaglio di natura. [...] Spero ti stuprino. Anzi no, per rispetto allo stupratore. E poi saresti contenta, che tanto a te sennò chi ti si scopa. Scaldabagno con le gambe. Troia schifosa. Ti vedo e vomito. È chiaro perché tu voglia i negri in Italia. Fai cacare, maiala. Mettiti a dieta. Vai in giro col burqa. Non ti insulto che ti ha già insultata madre natura. Madonna se sei brutta. Sei più bella che intelligente. Povero il tuo compagno, che ogni mattina si sveglia e deve vederti. Ma poi tu mica lo avrai un compagno.

Sarai lesbica come minimo. Faccia di merda. Dovresti solo stare zitta."

A lettura del fenomeno, in un'opera di Lilli Gruber, proprio la Murgia viene citata ad approfondimento di questo episodio e a causa della risonanza avuta da quell'elenco: "Si chiama body shaming, denigrazione del corpo, ma in realtà serve ad annichilire lo spirito. Sulle donne ha un impatto violentissimo, perché nella nostra società il corpo femminile è demanio pubblico. [...] Non so e non credo che il body shaming sulle donne finirà. Per ogni 'cesso' o 'scrofa' che riceviamo, l'antidoto è ricordare la forza che quelle parole vorrebbero spegnere. La bellezza che sappiamo riconoscere in noi stesse è la fonte della libertà che vorrebbero negarci."[14]

Il body shaming sul corpo femminile, dunque, ha valenza politica. Ha il compito, tra gli altri, di mettere a tacere la voce colpendo il corpo, silenziare le idee trafiggendo la fisica presenza nel mondo. Ad essere colpito è soprattutto l'aspetto del peso, ovviamente, ma anche la bellezza e dunque la *spendibilità* in campo amoroso: una donna colpita dal fenomeno è sempre troppo brutta, troppo grassa, troppo bassa, per piacere a qualcuno. Anche nell'offesa, dunque, l'identità personale non conta se messa a paragone con la possibilità che nessun uomo si interessi alla malcapitata. Vi è, di base, la nemmeno troppo sottile tossica convinzione che una donna non solo non possa piacersi così com'è, ma che non possa essere riconosciuta come bella dal maschio alpha di turno, che

---

[14]Gruber L., *Basta! Il potere delle donne contro la politica del testosterone,* Milano, Solferino, 2019, p. 15

decreterà con il suo interesse o con la sua assenza l'effettivo successo sociale di quel corpo e quindi di quella identità.

Non mancano i riferimenti a questa *assenza sociale* pericolosamente avvertita e concretizzata nel disinteresse altrui alle proprie forme, qualunque esse siano: "Ci siamo scusate per il nostro corpo per troppo tempo. Ci siamo scusate per occupare troppo spazio, per avere l'affanno, per essere troppo tonde, troppo grandi, troppo diverse, troppo sudate, troppe. Abbiamo fatto noi per prime battute cattive sul nostro appetito, abbiamo sentito di non meritare qualsiasi complimento ci fosse rivolto come se fossimo cittadine di serie C, abbiamo scodinzolato come cagnolini alle attenzioni maschili, anche alle più avvilenti. Abbiamo cercato di nasconderci, di sparire, di diventare invisibili, pensando di meritarla, l'invisibilità."[15]

Al corpo femminile, dunque, non si perdonano le forme abbondanti ma nemmeno quelle troppo asciutte, la forma del braccio, la presenza o la totale assenza di definizione muscolare, un'altezza ridotta o una eccessiva, una voce sguaiata o una troppo profonda. La radicata idea sociale di bellezza è invadente e invasiva, circonda ogni cosa e ogni aspetto e in caso di riscontrata assenza diventa un fardello incredibilmente pesante da portare.

Non vi sono etnie risparmiate dal body shaming, non vi sono età che siano al riparo dalla paura di non piacere: "Parlando con le bambine mi capita spesso di porre una tipica domanda da adulti: 'Cosa vuoi fare da grande?'. Adoro la miriade di

---

[15]Mazzucato F., *Il corpo grande. Biografia non autorizzata di una modella oversize,* Bologna, Giraldi Editore, 2016, p. 172

risposte diverse (l'insegnante, la scienziata, l'astronauta, la veterinaria, la pittrice, la presidente...) ma, al di là della vita che sognano, so che con ogni probabilità desiderano essere magre e belle."[16]

Il mancato allineamento con le aspettative sociali – che ci vorrebbero sempre un po' diversi da come siamo – è un conto salato da pagare: "Io sono brutta. Ma non ora che sono nell'adolescenza e che il pieno di ormoni non si orienta bene su come dovrebbe disporsi. Lo sono sempre stata, e non c'è speranza di avere il medesimo destino del brutto anatroccolo che poi era un cigno in realtà. Una favola con la fregatura: ecco cos'è, a dirla tutta. Quindi sto da sola, dove posso giudicarmi in tutta onestà, specchiarmi nelle pozzanghere o sulle vetrine, frugare dentro gli specchi e accorgermi meglio del perché sono brutta. Manca l'armonia delle forme."[17]

Il body shaming condanna alla cosa peggiore che possa capitare in questa epoca: il tarlo pericolosissimo di non essere desiderabili.

Un tarlo nocivo per le donne, che pagano lo scotto di vedere associato all'offesa anche il tentativo nascosto di sminuire la portata del loro pensiero e della loro posizione ideologica, e anche per gli uomini.

Degli uomini, però, si parla molto meno. Anzi, a dirla tutta ci pare che non se ne parli quasi mai.

---

[16]Engeln R., *Beauty mania. Quando la bellezza diventa ossessione,* New York, HarperCollins, 2018, p.5

[17]Frescura L., *Elogio alla bruttezza,* Roma, Fanucci Editore, 2011, p. 2

5

Il body shaming al maschile

"Quando pensiamo al corpo maschile ideale, spesso ci viene in mente come prima cosa una parte superiore del corpo grossa e muscolosa. Ovviamente, non c'è nulla di male nell'avere pettorali forti o glutei scolpiti per sentirsi bene con il proprio corpo. Il problema è quando l'obiettivo non diventa più il benessere individuale, ma un modello irrealistico imposto dalla società. Ci sono svariate caratteristiche che sono spesso fonte di malessere e vergogna: troppo pesante, troppo magro, non abbastanza alto, troppo alto, colore della pelle, non abbastanza muscoloso, muscoli non sufficientemente definiti, calvizie, peli del corpo, dimensione dei genitali. La lista potrebbe andare avanti, e il risultato è che non vergognarsi affatto del proprio corpo diventa quasi un'impresa impossibile."[18]

Se uno degli obiettivi del body shaming rivolto al corpo femminile sembra essere quello di colpire il corpo per sminuire la mente e l'azione è mirata a sottolineare l'indesiderabilità fisica della donna, quello rivolto al corpo maschile sembrerebbe avere molti legami con il concetto di mascolinità tossica affrontato in precedenza. L'uomo protettivo, forte,

---

[18]Cole M., *Body shaming: che cos'è e perché riguarda anche gli uomini*, 2021, www.runtastic.com, visionato in data 26/08/2021

rassicurante, privo di scivoloni sentimentali e tutto d'un pezzo sembra essere il metro di paragone con il quale fin dalla primissima adolescenza (e in moltissimi casi anche ben prima) si devono confrontare i ragazzi: allontanarsi dall'idea del cavaliere aitante e indefesso sembra essere una delle strade più sicure per allontanarsi contemporaneamente dalla premialità sociale, che esalta il corpo maschile come una macchina da guerra perfetta e storce il naso di fronte alla più piccola divergenza.

Eppure, nonostante il fenomeno appaia piuttosto trasversale, "i 'partigiani' del body shaming paiono essersi quasi del tutto dimenticati della controparte maschile: i dati relativi alla discriminazione fisica nei confronti degli uomini sono quasi del tutto inesistenti e l'argomento viene decisamente ben poco affrontato. […] Da un lato perché – almeno fino a oggi – quello dell'immagine del corpo sembra sia stato erroneamente considerato un problema prettamente femminile: come se l'aspetto esteriore fosse elemento caratterizzante solo per la donna, invece di prendere coscienza della sofferenza che può provocare anche nell'uomo. […] Dall'altro lato, perché sono gli stessi uomini che si vergognano ad affrontare il problema."[19]
La vergogna, dunque, nata dallo scollamento dall'immagine tossica di virilità alla quale aderire incondizionatamente. Eppure, se la sensibilità non può considerarsi una prerogativa sessualizzata, vuol dire che la sofferenza è solo taciuta. Sono mancati gli spazi nei quali discutere del fenomeno? Sono

---

[19]Pivot I. R., *Il body shaming colpisce anche gli uomini*, 2020, www.ultimavoce.it, visionato in data 26/08/2021

mancate le occasioni? Sono mancate le voci, le guide, i guru? Sembra impossibile non trattare il fenomeno del body shaming nell'universo maschile senza chiamare in causa il tabù della sfera emotiva: "Non si può negare che la maggior parte delle pressioni che ricadono sull'universo maschile riguardino l'emotività: mostare debolezza e vulnerabilità, per un uomo, è ancora – troppo spesso – un tabù difficile da scardinare. D'altra parte, però, non mancano le pressioni sociali legate all'aspetto che un corpo maschile dovrebbe avere. In poche parole: addominali scolpiti e muscoli tonici. Caratteristiche che fanno parte dell'estetica 'beach body', che sottintende che alcuni corpi meritino di essere mostrati e altri, semplicemente, no."[20]

Destabilizza, nell'analisi della letteratura presente sull'argomento, la deliberata convinzione silente che la compagine maschile non abbia problemi di questo tipo; forse anche a causa di un mancato riconoscimento della sensibilità nell'uomo, si tende piuttosto a creare una sorta di gara nella quale il corpo femminile vince il premio del martirio. Di fatto, però, l'alleanza richiesta sarebbe diversa e probabilmente più ad ampio spettro, con tutti i distinguo del caso che non abbiamo mancato di sottolineare.

In gioco sembrerebbero esserci diversi fattori sociali essenziali, primo fra tutti la soddisfazione di una vita piena e degna di essere vissuta: "Provate a osservare in quante pubblicità compaiono donne che hanno ritrovato il sorriso e la sicurezza in sé vedendo un tot di chili in meno sulla bilancia. Sicuri che

---

[20]Zocchi B., *Uomo di panza, uomo di sostanza? Chi se ne frega, è ora di parlare di body shaming al maschile,* 2021, www.cosmopolitan.com, visionato in data 26/08/2021

tutto ciò sia possibile solo perdendo peso? Che solo chi è magra meriti di essere e mostrarsi felice?"[21]

Se, estendendo il discorso, solo chi aderisce perfettamente ai canoni sociali merita di essere felice, cosa resta per tutti coloro che per peculiarità e pensiero risultano essere distanti dallo standard? La standardizzazione della bellezza non è in contrasto con la concezione – invocata da più parti e da più parti gridata – che nella diversità vi sia la bellezza?

Eppure, è una bellezza che fa fatica a farsi strada persa nel marasma di ciò che dovrebbe essere e non è.

Se, dunque, le caratteristiche del body shaming maschile sono effettivamente diverse da quelle del fenomeno vissuto dalle donne, non è diversa la sofferenza inflitta e non è diverso l'epilogo che può concretizzarsi: l'appiattimento della diversità e la canonizzazione del corpo sarebbe una sconfitta inimmaginabile per l'espressione di un sé non per forza solo e unicamente interiore. La decostruzione del concetto vetusto di virilità e l'apertura di canali di comunicazione sull'emotività possono essere una strada interessante da percorrere e se ne discuterà successivamente; l'importante, ci pare, è non perdere più tempo prezioso ad ignorare una problematica come se non ci toccasse minimamente – per quanto poco trattata – e come se non esistesse proprio perché priva di riflettori.

L'importante, dunque, è non continuare a sguazzare in qualcosa di nocivo solo perché socialmente riconosciuto come valido, come se insistere a desistere potesse far cambiare il risultato

---

[21]Collu D., *Se soltano le magre meritano la felicità,* 2018, www.donnamoderna.com, visionato in data 26/08/2021

finale. Si tratterebbe, probabilmente, semplicemente di prendere coscienza della società in cui si vuol vivere anche a costo di risultare numericamente minoritari: "Se bussi una due tre quattro cinque infinite volte a una porta ambita e non si apre, non significa che non ti vogliono, che fanno finta di non sentirti, che ti hanno escluso dalla loro madia e dal loro giaciglio, significa che è la porta sbagliata per te, giusta per altri ma non per te, e che dietro non c'è nessuno, a parte la tua fantasia bisognosa di collocarvi un anfitrione interessato a te e al tuo appetito di lui."[22]

<hr>

[22]Busi A., *E io, che ho le rose fiorite anche d'inverno?* Milano, Rizzoli, 2004, p.177

6

Colpevoli di morbidezza: la grassofobia

"Il pensiero di tutelare le persone grasse dalle discriminazioni è stato usato come linea comica. In realtà, c'è poco da ridere. La grassofobia è un problema sociale vero, che estende le sue radici ovunque. Con questo termine si indicano le discriminazioni e il pregiudizio che le persone subiscono sulla base del loro peso. Si tratta di una traduzione italiana di *fat shame*, letteralmente vergogna del grasso. Ed è proprio questo il sentimento che si cerca di instillare nelle persone grasse: vergogna."[23]

Potrebbe sembrare superfluo, ad un primissimo sguardo, il bisogno di focalizzare la nostra attenzione sul fenomeno della grassofobia. In effetti, se si considera l'universo del body shaming nella sua interezza, la morbidezza diviene una colpa esattamente quanto l'eccessiva magrezza: troppo magri, troppo grassi, troppo alti, troppo bassi, troppo pelosi, troppo glabri, troppo e basta. Per gli ideali di una bellezza canonica e standardizzata è difficile ammettere l'esistenza delle innumerevoli sfumature e vie di mezzo che possono esistere nel concretizzarsi dell'esistenza di un corpo. Ma la grassofobia

---

[23]De Luca N., *La grassofobia è un problema di giustizia sociale,* 2021, www.mardeisargassi.it, visionato in data 29/08/2021

è qualcosa di più rispetto ad una 'branca' del body shaming, è un fenomeno a sé che seppur collegato direttamente al disprezzo del corpo altrui risulta analizzabile anche nella sua singolarità.

All'uomo e alla donna grassi si appiccica addosso un'etichetta difficile da mettere in discussione: "Il fatto è che nella battaglia al pregiudizio a nulla valgono esami perfetti, valori del colesterolo esemplari che neanche Dio, ragazzi innamorati che iniziano a manifestarsi. Se sei in carne hai automaticamente un problema, se non una malattia vera e propria. A prescindere, e sei più grave di quella che ti siede al fianco longilinea ma è alla settima sigaretta in un quarto d'ora. [...] Ti vedranno sempre come quella inerme, mediamente pigra, spalmata sul divano, tutt'al più in trepidante attesa di gustose chips fritte, o di una pizza al salame, rigorosamente da asporto. Spiacente di deludervi, non è affatto così."[24]

Il pensiero grassofobico permea lo sguardo sociale e lo caratterizza: il corpo grasso è un corpo distante dalla giusta misura e, dunque, *sbagliato*. Distante dalla retta via e, dunque, *malato*. Se l'atto di derisione del corpo – come visto – arriva per censurare un presunto allontanamento da uno standard di bellezza riconosciuto come imperante, lo sguardo grassofobico appartiene allo scherno di ciò che appare distante dall'armonia delle forme, da una armonia fatta di note approvate e numericamente diffuse.

L'idea di base, mascherata da preoccupazione paternalistica

---

[24]Pecollo S., *Io sono bella. La leggerezza non è questione di peso*, Milano, Sperling & Kupfer, 2020, p.16

sulla salute, è che la persona grassa sia semplicemente pigra, priva di limiti di sorta, svogliata, semplicemente non interessata a rientrare in connotazioni più moderate e dunque più accettate, più socialmente concesse.

Provocatoriamente, dunque, "Essere obeso è, in un certo senso, come essere ammalato oppure vecchio […] E la società intorno è ancora più spietata: perché proprio come mette al bando i malati e gli anziani, chiusi nei nosocomi o nelle residenze per anziani […] così nasconde i grassi, coperti dalla vista del mondo che letteralmente li schifa. Ma con un'aggravante: perché i grassi, oltre a essere esclusi da qualsiasi pubblicità, video, film, moda […] devono subire tutta la violenza del moralismo."[25]

Emerge pian piano una scusante, dietro l'atto grassofobico: se la derisione è dettata dalla violenza del perpetuarsi di canoni standardizzanti di bellezza, l'atto grassofobico si traveste di interesse verso la vittima, si ammanta di solidarietà e di altruistica preoccupazione nei confronti di una salute che – magari lungi dall'essere compromessa – non si mostra sotto forme riconosciute e generalmente accettate. Il corpo grasso è necessariamente il corpo di chi non ha cura di sé, non ha volontà, non ha intenzione di assumersi la responsabilità della magrezza.

Poco conta, poi, che anche la magrezza incorra in sanzioni sociali quando eccessiva o eccessivamente spigolosa. Il messaggio urgente è: rientrare immediatamente nei limiti per il

---

[25]Ambrosi E., *Grassofobia, quell'assurdo moralismo contro chi è obeso*, 2017, www.ilfattoquotidiano.it, visionato in data 30/08/2021

tuo bene! Il moralismo pervade la grassofobia e ne è il perno: "Il fat shaming è un fenomeno che ha radici molto antiche nella nostra cultura e si diffonde soprattutto su internet. Molta gente infatti posta foto oppure scrive dei commenti solo per criticare le persone in sovrappeso, dicendo che non sono piacevoli o non sono belle come le persone magre. In alcuni casi la gente arriva a dire queste cose spiacevoli o a ferire i sentimenti di altra gente anche facendo commenti di questo tipo in maniera diretta. Non è insolito che alcune persone giustifichino questi loro commenti dicendo semplicemente 'Sono solo preoccupato per la tua salute' oppure altri hanno l'abitudine di pubblicare delle foto mostrando la pancia piatta e scrivendo come frase 'Qual è la tua scusa?'"[26][27]

Ci è sembrato importante porre la grassofobia sotto la lente di ingrandimento, per quanto nell'economia generale del discorso risulti indissolubilmente legata al body shaming. Naturalmente – e lo affronteremo a breve – il discorso medico non può e non deve essere estromesso dalla nostra considerazione ma terremo fermo comunque un punto che ci pare importante: "Nonostante tanta gente lo sostenga, difendere i diritti delle persone robuste o grasse non equivale a difendere o normalizzare i disturbi alimentari o le condizioni cliniche legate all'obesità: ma significa, invece, provare ad arginare la grassofobia imperante, un fenomeno in parte ancora invisibile nella nostra società, che rivela forti sentimenti di intolleranza, che si manifesta nel

---

[26]Green M., *Body Image and Body Shaming,* San Diego, Lucent Books, 2017, p.39

[27]Tutte le traduzioni dall'inglese presenti nel testo sono ad opera di Stefania Casamassima

denigrare e discriminare le persone sovrappeso e che finisce per colpire tutti coloro che, semplicemente, non sono magri o hanno fisicità diverse dal canone dominate."[28]

Avremo modo di vedere come e in che termini la medicalizzazione dei corpi non conformi agli ideali di bellezza abbia prodotto effetti nocivi e abbia in qualche modo incoraggiato il pensiero grassofobico, arrivando a far associare il concetto di salute a quello di magrezza. Magrezza e salute non sono sinonimi, esattamente come non lo sono grassezza e malattia.

Non è un caso che questo ci venga ricordato così raramente.

---

[28]Mazzotta A., *Magro è meglio! Ma chi lo dice?*, 2021, www.melaniaromanelli.com, visionato in data 30/08/2021

7

La gente ci guarda

"Che lo si condivida o no, appare inequivocabile che qualsiasi espressione della vita associata non può prescindere da un certo grado di teatralità, cerimonia, rappresentazione pubblica. Ne è prova la cirocastanza che, se si scompone un fatto sociale fino alla sua unità elementare, non si incontra l'individuo [...], si trova invece l'individuo che recita un ruolo, di cui è attore e portatore. Ogni società, insomma, è costituita da un sistema coordinato di parti affidate o, meglio, recitate da soggetti-attori, titolari di ruoli che servono a ridurre l'instabilità delle relazioni e ad assicurare l'equilibrio del sistema."[29]

L'equilibrio citato appare essere, tra le altre cose, un delicato sistema di aspettative. Affinché lo spettacolo vada avanti nel migliore dei modi possibili (per chi?) occorre corrispondere al ruolo, aderire perfettamente alla parte che ci siamo presi o che, molto più spesso, ci hanno affidato. Se da un lato questo può riguardare il ruolo vero e proprio – bravo padre, figlio volenteroso, capo di lavoro dispotico, professore severo, ecc. - riteniamo che possa esserci in ballo anche qualcosa di molto simile per l'aspetto estetico del corpo umano. Il corpo, dunque,

---

[29]Spedicato Iengo E., *La vita come teatro,* 2019, www.apassoduomo.it, visionato in data 01/09/2021

deve in qualche modo rispondere a delle aspettative che lo vogliono in un certo modo, lo definiscono, lo immaginano. Quando il corpo di turno tradisce queste aspettative, tradisce un pubblico andato a teatro per vedere qualcosa che non ha visto: "La scelta di recarsi a teatro e di assumere il ruolo di spettatore è influenzata in primo luogo dalle aspettative che il soggetto ha su un certo spettacolo [...]"[30]

La domanda potrebbe dunque essere, a questo punto: se in quanto spettatore posso protestare, fischiare, mostrare il mio disappunto per uno spettacolo teatrale che non ha corrisposto al mio gusto e alle mie aspettative, posso fare lo stesso con un corpo? Posso fischiare l'alterità perché non rispondente alle mie aspettative su di essa? E soprattutto: quali sono le conseguenze di un'azione come questa? Una compagnia teatrale che riceve dei fischi li riceve sul prodotto che ha proposto al pubblico: si possono prendere le misure, ci si può rimettere al lavoro con i dovuti accorgimenti, si possono prendere in considerazione i punti deboli cercando di trovare delle soluzioni adeguate per un rinnovo futuro. Ma il corpo che riceve dei fischi e li riceve sotto forma di insulti, commenti, battute, riferimenti allusivi, non ha un prodotto che può modificare a suo piacimento e dal quale può anche prendere le dovute distanze emotive; il fischio al corpo diviene un fischio alla personalità, all'essenza, all'esistenza stessa. Diviene una censura che limita e avvelena.

Se è vero che "I sistemi sociali sono formati da strutture, che vengono composte da aspettative; anzi, con maggiore

---

[30](a cura di) Bertasio D., *Immagini sociali dell'arte,* Bari, Edizioni Dedalo, 1998, p. 212

precisione: le strutture dei sistemi sociali sono strutture di aspettative."[31] cosa accade quando queste aspettative sono tradite? In cosa consistono, in sostanza, i fischi di cui parlavamo poco fa se non si tratta di uno spettacolo teatrale ma di un corpo umano? Qual è la conseguenza alla quale si approda inevitabilmente quando si incorre in un atto censorio nei confronti del proprio fisico?

Impossibile non addentrarsi, dunque, seppur brevemente, nel concetto di stigma: "In sintesi – e tentando di semplificare al massimo il concetto – lo stigma si origina nell'incongruenza asimmetrica tra ciò che sembra e ciò che è. Goffman sostiene che l'identità sociale virtuale si basa su di una 'imputazione attribuita in una retrospettiva potenziale'. Praticamente, questa tipologia di identificazione del prossimo si giusitifica su di un pregiudizio – 'noi ci aspettiamo che sia così.'[32]

Lo sanno benissimo le persone con diagnosi psichiatrica e le loro famiglie, cosa significhi essere stigmatizzati socialmente. Lo sa bene chi ha problemi psicologici. "Stigma significa marchio, etichettatura negativa. [...] È la condanna sociale, la colpevolizzazione, il sostenere che questi disturbi non hanno rimedio e sono pericolosi, e, per chi soffre di questi disturbi come spesso per le loro famiglie significa vergogna, senso di colpa, necessità di isolarsi. O sparire."[33]

---

[31]Biancolella F., *Sistemica ed educazione. Il sistema educativo secondo Luhmann,* Roma, Armando Editore, 2002, p. 156

[32]Rabbachin G., *Goffman: introduzione allo stigma sociale,* 2017, www.lastland.org, visionato in data 01/09/2021

[33]Zoli S., *Stigma: come affrontare il veleno contro le malattie mentali,* 2020, www.fondazioneveronesi.it, visionato in data 01/09/2021

Lo stigma sociale, il fischio, la censura, la ritorsione contro il difforme, contro il numericamente meno incisivo, contro il pericolosamente fuori dagli standard, è la risposta a cui devono sottostare tutte quelle persone che presentano caratteristiche e peculiarità distanti da una accettazione comunitaria che garantisca una sorta di tranquillità sociale. Sarebbe un errore credere che l'atto di body shaming o quello grassofobico esauriscano la loro forza nel momento stesso della loro comparsa sulla scena; al contrario, il danno provocato è un danno a lungo termine che sfugge spesso a qualsiasi previsione – sia in termini di personale percorso di vita sia in termini medici o socio-economici: "[...] la grassezza oggi ha significati sociali [...] Negli Stati Uniti gli effetti del peso rispetto alle acquisizioni sociali sono studiati da tempo. Ad esempio, le ragazze obese hanno meno possibilità di entrare al college. [...] gli obesi, rispetto ai 'normali', hanno un reddito inferiore del 18% e hanno il 16% di possibilità in meno di sposarsi. [...] Nel mercato del lavoro, invece, i grassi vengono visti come pigri, mancanti di autodisciplina e svogliati."[34]

Non è un caso che – nonostante lo stigma sia chiaramente una risposta piuttosto trasversale a qualunque difformità percepita come tale dalla società – ci si soffermi con particolare attenzione su atti grassofobici: "Li abbiamo in mente un po' tutti: gli ultimi esempi messi in piazza da social network e giornali parlano di giovani ballerine mortificate in tv perché in sovrappeso e non idonee, di sarcasmo tanto feroce quanto

---

[34](a cura di) Cipolla C., Maturo A., *Sociologia della salute e web society,* Milano, Franco Angeli, 2014, p. 236

becero per la morte di una ragazzina sotto un treno, forse un suicidio, forse legato al suo peso ('Non sapevo che farsi mettere sotto da un treno fosse un metodo rapido di dimagrimento' 'Questo dimostra che i ciccioni preferiscono morire piuttosto che dimagrire'). Un caso limite di imbecillità da social, ma la realtà più ordinaria ci dice che di tutte le malattie, di tutte le difformità fisiche ce n'è una che nella stragrande maggioranza dei casi non riscuote solidarietà o compassione: l'obesità."[35]

Allontanarsi dalla *retta via*, dunque, porta ad una strada lastricata di problemi, alcuni dei quali drammaticamente al di fuori di qualunque riflettore – compresi quelli educativi: "L'ermarginazione, come è ahimè noto, avvolge molte persone per le irragionevoli ragioni più disparate. Si è troppo donne, e si chiama discriminazione di genere; si è troppo gay, ed è omofobia; si è troppo neri, ed è razzismo. Ma c'è un tipo di pregiudizio da sempre sotterraneo nella società […] secondo cui i brutti […] sembra abbiano più difficoltà a trovare un lavoro o a essere promossi rispetto a chi brutto non è: il loro divario salariale rispetto ai belli sembra essere maggiore rispetto a quello esistente tra afroamericani e bianchi. In caso di reati minori, addirittura la legge è statisticamente più clemente con chi è bello rispetto ai colleghi umani disonesti anch'essi ma più figaccioni."[36]

Frutti raccolti dalla semina di uno stigma particolarmente difficile da sdradicare, senza un intervento deciso in questo

---

[35]Barus D., *Obesi e colpevoli? Stigma, pregiudizio e salute*, 2018, www.fondazioneveronesi.it, visionato in data 01/09/2021

[36]Cucciari G., *Lookism: il pregiudizio verso i brutti ha un nome*, 2021, www.donnamoderna.com, visionato in data 01/09/2021

senso e senza la presa di coscienza di una vasta gamma di problemi legati all'apparenza e alla percezione delle proprie forme, dall'occhio della società.

Il quadro appare poco incoraggiante, arrivati a questo punto.

Il body shaming e la grassofobia sembrano essere i figli prediletti di rappresentazioni sociali e ideali difficili se non impossibili da raggiungere completamente; lo stigma appare dunque la punizione da dover scontare per non aver corrisposto alle aspettative e per non essere come ci si aspettava si dovesse essere. Il mondo del lavoro, della medicina, della legge, dello studio sembrano luoghi viziati da una visione normalizzante.

Fortunatamente, però, non tutti hanno creduto che l'unica soluzione fosse quella di arrendersi e di silenziare la sensibilità ferita. Dalle ferite può sgorgare qualcosa e non è detto che sia sempre rammarico.

8

Body positive, diet culture, fat acceptance

"Avere come più grandi nemici lo specchio, se stessi e il giudizio di una società che è schiava dell'idea di corpo perfetto. Vivere costantemente a disagio con il proprio fisico. Soccombere ai commenti negativi. È questo quello contro cui si scaglia il messaggio della Body Positive (traduzione in italiano letterale: corpo positivo) [...] Il fenomeno nasce tra il 2010 e il 2011 da alcune attiviste donne, nella maggior parte dei casi afroamericane e 'oversize'. Il gruppo era stanco degli stereotipi sui fisici perfetti. Ha iniziato così a promuovere un messaggio positivo indirizzato a chiunque sentisse di avere un corpo discriminato perché non conforme agli standard di bellezza proposti dalla società."[37]

Sarebbe un gravissimo errore pensare che non vi siano stati dei tentativi, alcuni naturalmente più riusciti di altri, di trovare delle risposte a episodi dilaganti di body shaming e grassofobia. Se da un lato si continua ad assistere al fiorire di episodi di bullismo veri e propri ai danni di chi presenta una fisicità non conforme ai canoni dominanti di bellezza e di armonia, dall'altro non sono mancati movimenti che hanno

---

[37]de Durante F., *Body Positivity in Italia: mostrare il proprio corpo senza paura,* 2021, www.controcampus.it, visionato in data 02/09/2021

cercato (e cercano) di proporre una diversa visione della fisicità, un diverso modo di intendere il proprio corpo e la propria corporeità. Si tratta di fenomeni nati per lo più nel mondo social (che di fatto – e lo vedremo successivamente – rappresenta uno degli universi dove più frequentemente si verificano episodi di questo tipo) che hanno provato a suggerire la possibilità di una rivoluzionaria visione delle cose: ogni corpo è bello a modo suo.

Non sono le taglie a raccontare chi siamo. Non è la bilancia a dare un'idea del nostro valore. Non siamo noi a dover superare la prova costume, è il costume a dover superare la nostra prova. Ma non tutto si riduce al peso, naturalmente: "La prima cosa da sapere riguardo alla Body Positivity è che questo movimento ha a che fare solo parzialmente con taglia e peso.

Avere un atteggiamento body positive riguardo al corpo, infatti, significa accettarne ogni singola sfumatura, compresa la disabilità, ad esempio. Proprio per questo, anche la Skin Positivity potrebbe essere considerata parte di questo movimento più grande, in quanto del corpo fanno parte anche le 'imperfezioni' cutanee come vitiligine, acne, smagliature, cellulite. L'obiettivo, in ogni caso, è uno solo: sfidare i canoni e i pregiudizi della società sui corpi, considerandoli tutti ugualmente belli/utili/degni nella loro diversità."[38]

In un mondo in cui è la vetrina a determinare la possibilità di affermazione di un pensiero e di un'idea, cosa fare se non coinvolgere i social utilizzandoli per promuovere piuttosto che

---

[38]Zocchi B., *Body Positivity e oltre: facciamo chiarezza sul movimento che promuove la self acceptance,* 2021, www.beauty.thewom.it, visionato in data 02/09/2021

per puntare il dito del moralismo e della censura?

Su questa scia nasce, nel 2018 su Instagram, il progetto 'Belle di faccia', ad opera di Chiara Meloni e Mara Mibelli, divenuto poi successivamente una associazione: "L'idea ha origine dalla necessità di riportare i corpi grassi al centro del movimento body positive italiano, con un particolare focus sulla Fat Acceptance e Fat Liberation."[39]

Attualmente la pagina Instagram conta più di 64.000 follower.

Ci sembra rilevante, però, non incorrere nell'errore di assimilare la Body Positivity e la Fat Acceptance, per quanto possano sembrare e siano effettivamente indissolubilmente legate. Se la prima ha incentrato la sua attenzione su una operazione di inclusione di tutti i corpi nel tessuto sociale, la seconda ha origini più antiche ed ha spinto affinché lo stigma del corpo grasso non fosse un ostacolo alla felicità personale e alla realizzazione esistenziale. Nello specifico: "Il movimento della Fat Acceptance nacque nella decade degli anni '60, con diverse manifestazioni, quella più eclatante fu il 'fat-in' a Central Park a New York, dove quasi 500 persone si riunirono mangiando dolci e bruciando libri di dieta [...] Quello che la body positivity vuole dire è che è importante amare se stessi e il proprio corpo, in ogni sua particolarità, anche se il resto del mondo dice di fare il contrario. [...] Il problema delle persone grasse all'interno della società non si basa sul livello di amore che provano per se stesse, perché l'amore che sentono o meno guardandosi allo specchio non andrà ad eliminare le discriminazioni che subiscono giornalmente."[40]

---

[39]Dal sito internet www.belledifaccia.it

Un po' come dire che non è sempre sufficiente amarsi perché non si debanno temere salari ridotti o ridicolizzazione delle proprie competenze o delle proprie istanze.

Ci sembra auspicabile che si continui a lottare su entrambi i fronti senza incorrere nella deriva tipica di certi movimenti di liberazione, quella cioè della frammentazione eccessiva e della guerra fratricida su quale siano gli insulti più cruenti e su chi viva una condizione peggiore.

Il rischio che si corre è quello della perdita definitiva di una voce già di per sé flebile e difficile da sentire in mezzo al fuoco incrociato di ideali irraggiungibili e stili di vita presuntamente virtuosi.

Cedere terreno significherebbe ignorare del tutto che: "Facilitare un'immagine corporea positiva può aiutare a ridurre i tassi di suicidio e migliorare la salute mentale e il benessere [...]"[41]

Significherebbe, in ultimissima analisi, ritenere il bisogno di essere chi si è come un bisogno accessorio, inutilizzabile dal marketing e quindi economicamente poco rilevante.

Per quanto controverso possa essere, non riteniamo opportuno non introdurre il concetto di *diet culture*, per quanto sommariamente sia possibile farlo in questa sede.

È importante tenere in considerazione tutte (o quasi,

---

[40]Maschio B., *Corpi dissidenti: body positivity e fat acceptance*, 2019, www.thepasswordunito.com, visionato in data 02/09/2021

[41]Galletti E., *Mi piaccio così come sono. Quali fattori favoriscono la concezione Body Positive?*, 2021, www.stateofmind.it, visionato in data 02/09/2021

ovviamente) le componenti utili ad una riflessione quanto più approfondita possibile sul fenomeno, senza la presunzione di essere per questo esaustivi ed anzi convinti nel profondo che ancora poco si conosca dei temi trattati e molto poco (forse) si intenda conoscere, soprattutto da parte del mondo educativo che interrogheremo in maniera diretta più avanti.

"Cercare di definire una cultura porta con sé il rischio di semplificare e generalizzare. […] Proviamo a darne una definizione: la cultura della dieta è un sistema di valori costruiti e condivisi socialmente che riguardano le abitudini alimentari, la relazione col cibo e il modo di rapportarsi ai corpi, nella loro forma, dimensione e taglia. È una narrazione dominante che ci influenza […] La convinzione principale della diet culture, intorno alla quale ruotano tutte le altre, può essere sintetizzata con l'affermazione: i corpi magri sono più desiderabili, salutari e di valore.

Una conseguenza diretta di questa convinzione è la definizione di uno standard di corpi accettabili che traccia un confine con quelli inaccettabili.

Un'altra convinzione centrale, legata alla prima, è quella che vede la salute idealmente rappresentata da un corpo abile, magro e bianco."[42]

Risuonano legami profondissimi con quanto trattato fino a questo momento, in particolar modo se riletto alla luce delle considerazioni in merito alle rappresentazioni sociali e agli standard da raggiungere.

---

[42]Buzzi A., *Identikit della cultura della dieta*, 2020, www.alessiabuzzipsicologo.com, visionato in data 02/09/2021

"La cultura della dieta adora la magrezza e la rende equivalente alla salute [...] Promuove la perdita di peso garantendoti di ottenere uno status migliore [...] Opprime tutte le persone che non corrispondono alla sua immagine di salute [...]"[43]

Cosa guida la corsa infinita verso l'ideale proposto dalla diet culture? Qualcosa che – ritorna il concetto – ha molto a che vedere con una sorta di premialità sociale: "Ci viene promesso che quando saremo magre, quando entreremo in quei jeans taglia 42, quando avremo le cosce toniche, quando saremo riuscite finalmente ad abituarci a pranzare con un frullato verde e quando avremo finalmente smesso di concederci imperdonabili sgarri... allora saremo felici, otterremo finalmente quel lavoro tanto desiderato, riceveremo una promozione, avremo più amici e una vita sociale soddisfacente, e troveremo il nostro partner per la vita."[44]

Il problema vero è che queste promesse – per quanto possano essere spesso disattese come ogni promessa che si rispetti – hanno anche invece molto spesso un reale fondo di verità: le persone grasse subiscono una narrazione altamente negativa e oltre a portare su di sé come una spada di Damocle le connotazioni imposte che le vogliono pigre, indolenti, poco energiche e poco decise, sono spesso anche superficialmente vittima di diagnosi mediche poco attente.

In gioco, naturalmente, non c'è il rifiuto categorico di valori e parametri che possono indicare o meno un buono stato di salute

---

[43]Di Cristo I., *La Diet Culture e i suoi effetti collaterali sulla società*, 2020, www.passaporto-futuro.com, visionato in data 02/09/2021

[44]Maccarone L., *Quanto pesa la diet culture?*, 2021, www.psicoyes.com, visionato in data 02/09/2021

di un corpo; in gioco vi è la convinzione che non basti più adeguarsi all'imperante sguardo penalizzante che si ha nei confronti di chi vive in fisicità non asservite a un diktat.
La bellezza è il diritto ad essere chi si è.

9

La frontiera curvy

"Fra le categorie più discriminate dai giovani quella delle persone grasse si attesta al terzo posto, dopo quella degli omosessuali e dei rom: un pregiudizio che si è rapidamente diffuso con la complicità della televisione e, soprattutto, di internet. Una gogna digitale incontrollabile che non resta circoscritta a un determinato ambiente ma segue, ovunque, la giovane vittima colpevole di avere dei chili di troppo. Nonostante la creazione di portali di moda per donne plus size, con foto di splendide e burrose modelle curvy, e di giornate ribattezzate dell'orgoglio morbido, […] appare come un miraggio sradicare il pregiudizio che considera l'obeso un individuo con scarsa forza di volontà e l'eccesso ponderale una colpa da espiare."[45]

Il mondo della moda – patria assoluta dell'idealizzazione del concetto di magrezza come unica bellezza possibile - sembra essere stato anche uno di quelli in grado di provare a trovare delle soluzioni concrete al problema, almeno da qualche anno a questa parte. Demonizzarlo per le scelte compiute in passato (e ancora oggi in moltissimi casi, ovviamente) equivarrebbe però

---

[45]Caprioglio I., *Adolescenza. Genitori e figli in trasformazione*, Torino, Il Leone Verde Edizioni, 2015, p. 27

64

a scaricare un barile ben più trasversale: "A partire dagli anni
'70 nel mondo occidentale si è creato un movimento culturale
sostenuto da media, giornali e aziende della moda che ha
idealizzato il concetto di magrezza. Tale movimento sembra
aver trovato terreno fertile nei cambiamenti sociali che hanno
caratterizzato l'evoluzione della popolazione, tanto da essere
giunti a considerare la magrezza come una virtù
imprescindibile per ottenere successo e accettabilità da parte
della società in cui viviamo."[46]

La storia del concetto di 'curvy' riferito a donne dall'aspetto
leggermente più florido di quello solitamente identificabile
come il canonico aspetto da passerella ha origini piuttosto
recenti, se prendiamo in considerazione il mondo della moda in
toto, ma è stato capace – pur con tutti i suoi limiti – di far
sentire la sua rivoluzione: "A partire dagli Stati Uniti e un po'
in tutto il mondo, si sta assistendo ad un vero e proprio cambio
di tendenza. La moda non è più vista accessibile solo a modelle
di taglia 38, perché si sta facendo sempre più forte la
consapevolezza che queste ragazze magrissime non
rappresentano tutto il mondo femminile. Si sta facendo sentire
sempre più forte il richiamo alla normalità, la voglia di
rappresentare non più modelli perfetti, ma persone comuni, con
piccoli difetti, modelli che rappresentino la maggior parte delle
persone."[47]

---

[46]Iarrera F., Faillaci A., *La comunicazione motivante nella terapia di
sovrappeso e obesità. Principi e strategie pratiche,* Torino, SEEd
Edizioni, 2015, p. 33
[47]Nicolella M., *Le modelle curvy sono le nuove protagoniste della moda,*
2019, www.stylise.it, visionato in data 04/09/2021

Finalmente, dunque, ad un certo punto, la moda sembra aver compreso il bisogno di rappresentanza che avevano corpi solitamente non amati dalle copertine patinate; se da un lato è anche opportuno chiedersi come mai si senta la necessità di vedersi in qualche modo riconosciuti da fogli di giornale o da programmi tv che ratifichino l'esistenza di corporeità divergenti dallo standard, dall'altro non può che far piacere notare alcuni cambiamenti, una sorta di ritrovata sensibilità che possa portare ad una visione della moda maggiormente inclusiva.

L'avvento delle modelle curvy – con il suo carico di polemiche tra chi ha visto in questa scelta stilistica la volontà di sdoganare modelli nutrizionali non in linea con l'idea di salute – è servito per accendere un ulteriore riflettore su un mondo tendenzialmente grassofobico ed ha certamente aiutato a far accettare maggiormente se stesse ragazze e donne alle prese con modelli impossibili da raggiungere e con taglie ridicolmente piccole e al limite della decenza. Tuttavia, per quanto questo abbia rappresentato a suo modo una rivoluzione vera e propria in un mondo come quello dell'abito di lusso così attaccato all'idea del corpo filiforme, non è servito del tutto (come si sottolineava in apertura) a distruggere alcune idee radicate evidentemente in maniera più forte del previsto, non solo nel mondo patinato ma anche in quello medico, ed esempio: "In tutta questa mortificante vicenda, che vede la persona sovrappeso gravata dalla lettera scarlatta del proprio peso e posta alla gogna sociale, esiste un paradossale elemento aggravante: questa forma di pregiudizio è presente in larga misura anche fra gli specialisti che si occupano del sovrappeso. Strano a dirsi, ma molte volte chi è deputato ad aiutare i pazienti a migliorare il proprio stato manifesta nei loro confronti un atteggiamento discriminatorio."[48]

Dopo omosessuali e rom, dunque, tocca ai grassi l'odio degli adolescenti.

Ma l'odio non si propaga se non ha la certezza di trovare intorno a sé un rassicurante silenzio, terra fertile sulla quale far fiorire lo stigma sociale e l'istinto normalizzatore. A questo punto, in chiusura, cercheremo di tirare le fila del discorso fin qui esposto e torneremo a porci l'interrogativo principale: se la sensibilità è universale, dove sono le voci maschili? Perché sembra essere esclusa la possibilità che gli uomini non soffrano episodi di body shaming e grassofobia? Non testimoniare equivale a non sentire?

---

[48]Iarrera F., Faillaci A., op. cit. ibidem

10

L'uomo non sente, l'uomo non dice

"Il silenzio rispetto alla parola è tacciato, oltre che dal senso comune anche dagli autori che ne hanno magnificato le virtù, di essere irrimediabilmente ambiguo. A un osservatore la medesima scena di due innamorati che tacciono affiancati per diversi minuti potrebbe rivelarsi infine come il rimuginamento sofferto della collera, il reciproco tedio che prelude al distacco oppure il picco d'intesa nell'intimità. In definitiva, se non conosciamo ciò che lo precede, il silenzio appare privo di un significato trasparente."[49]

Al di là della condanna o meno del silenzio, il dato per noi interessante risulta essere contenuto in ciò che Bassetti dice riguardo a ciò che *precede* il silenzio, in questo caso il silenzio del e sul mondo maschile, in merito ai fenomeni di cui ci siamo occupati fin qui. Perché degli uomini non si parla? La risposta potrebbe essere un'altra domanda: perché gli uomini non parlano?

I siti internet, la letteratura scientifica, gli interventi sui blog, sui giornali, sono scritti per la quasi totalità da donne e sono riferiti per la quasi totalità all'universo femminile; è sembrato

---

[49]Bassetti R., *Storia e pratica del silenzio*, Torino, Bollati Boringhieri, 2019, p.3

quasi impossibile trovare una voce maschile (o una penna) che si sia effettivamente interessata agli argomenti proposti. Disinteresse? Poca conoscenza del fenomeno? Ridotta sensibilità?

Noi supponiamo che la riposta possa essere invece individuata in un concetto di cui abbiamo avuto modo di parlare e che rappresenterebbe quindi quello che *precede* il silenzio assordante della compagine maschile: la costruzione dei ruoli di genere.

Tristemente: "La nostra cultura ha – infatti – modelli di riferimento ancora piuttosto rigidi rispetto alla varietà e alla tipologia di espressione emotiva concessa e tollerata sia nel genere femminile che in quello maschile. In modo eccessivamente semplificato e stereotipato, si ritene che le donne siano più emotive di quanto lo siano gli uomini, che tendano a manifestare con più frequenza le emozioni calde, che abbiano una maggiore labilità affettiva, che siano più predisposte al pianto e che sperimentino, più frequentemente degli uomini e con una intensità maggiore, tutta la gamma delle emozioni negative comprese la depressione, la paura e tutta la gamma dei disturbi ansiosi."[50]

Dunque, l'idea è che le donne *sentano* di più e che questa capacità magica di vivere più intensamente il proprio vissuto dia poi modo di reagire alle sofferenze; sono le donne ad aver avviato i cambiamenti nel mondo della moda o quantomeno ad esserne protagoniste, le donne ad aver ideato progetti di

---

[50]Occhini L., *Rabbia. Dalla difesa all'ostilità*, Milano, Franco Angeli, 2018, p. 30

sensibilizzazione sul tema della grassofobia, le donne a rispondere con articoli, saggi e letteratura all'imperante cultura del body shaming. Ma gli uomini, in questa corsa tutta al femminile, dove sono? Cosa pensano? Riflettono su di sé e provano dolore dopo un commento poco carino o non ne ricevono abbastanza perché possano mobilitarsi e reagire alla cosa?

Imprigionati nei loro ruoli da cavalieri senza macchia e senza paura, tutelati da una cinematografia che affibbia agli uomini grassi ruoli da pacioso amico di uno sposo ben più attraente, gli uomini sembrano rimanere al di fuori di una questione ben più trasversale di quanto si possa immaginare.

Eppure, il silenzio impera: "Si tratta di uomini che vengono cresciuti all'ombra di valori e idee che non sono più coerenti con i tempi che viviamo, uomini a cui si insegna sin da piccoli a programmarsi da maschi, un programma che spinge su parole come indipendenza, forza, autonomia, durezza, rifuggendo l'intimità. Che succede? Che si finisce con il finire prigionieri di un ruolo costruito e incapace di far sentire, che non rende possibile differenziare e capire le proprie emozioni con le conseguenti sofferenze, molte somatizzazioni e ridotto benessere soggettivo."[51]

Silenti prigionieri incapaci, per dolo culturale, di esprimere le proprie necessità emotive. Possiamo ridurre a questo, dunque, il quadro della figura maschile? E – anche nel caso in cui di questo si trattasse completamente e questo fosse il problema

---

[51]Cikada M., *Quello che gli uomini non dicono (...ma provano)*, 2015, www.pollicinoeraungrande.it, visionato in data 05/09/2021

principale e il principale ostacolo – non si dovrebbe, comunque, cercare di scardinare lo status quo per liberare finalmente la compagine maschile dal silenzio imposto dalle rappresentazioni sociali e dal loro ruolo di genere?

Si possono (e si devono) disattendere le aspettative degli spettatori se sono aspettative tese ad imprigionare l'attore in un ruolo che non riconosce come suo.

Tuttavia, noi crediamo che oltre a questo aspetto certamente fondamentale nel dare una risposta al silenzio, pesino anche in maniera piuttosto consistente gli spazi negati alla narrazione maschile di sé. È innegabile che, vuoi per cultura vuoi per assenza di un pubblico interessato alla cosa (ma il pubblico si costruisce, naturalmente, se solo si ha la volontà di farlo) agli uomini siano decisamente preclusi spazi adeguati per il racconto delle proprie problematiche emotive, per le proprie ferite, per le proprie percezioni. Possiamo ritenere valido quanto detto fino a questo momento sulla costruzione dei ruoli sociali, ma non possiamo aspettarci che rimanga l'unica risposta possibile; se il silenzio è preceduto da una cultura che chiede solo che venga perpetuato nel nome di una mascolinità e di una virilità che vanno preservate così come sono, è doveroso trasmettere il messaggio che questo silenzio può rompersi e che le maschere obbligatoriamente messe addosso agli uomini possono essere infrante. La decostruzione dei ruoli di genere può essere uno degli obiettivi che, anche (e forse soprattutto) dal punto di vista educativo possono essere perseguiti.

Avremmo il dovere, in prima istanza, di affidarci a visioni realistiche della realtà: "Un rapporto, pubblicato recentemente dal Dipartimento della salute mentale del Vermont ha sottolineato quanto siano svantaggiati i ragazzi che si dissociano dal loro vero io. I ricercatori hanno scoperto che i bambini che soffrono di problemi emotivi e comportamentali sono prevalentemente di sesso maschile: fra i bambini dai quattro ai sette anni con gravi disturbi emotivi, il 91 percento era costituito da maschi; fra i sedicenni (e oltre) ben il 65 percento era costituito da maschi. Nelle età successive, coloro che adottano maggiormente le norme maschili convenzionali sono più infelici, tristi, ansiosi, fino al gesto estremo."[52]

Ri-partire da questa consapevolezza può forse aiutarci ad indirizzare le nostre forze (in quanto professionisti delle relazioni di aiuto) per una azione che sia concretamente mirata da un lato alla decostruzione dei ruoli di genere con tutte le loro nocive conseguenze, dall'altro alla creazione di spazi dove il racconto maschile non sia più un tabù o qualcosa di insolitamente esotico ma diventi una regola, una costante.

Proprio in virtù di questa convinzione profonda, la seconda parte di questo lavoro rappresenta uno spazio in cui ragazzi e uomini adulti, a partire dai 18 anni di età, hanno potuto raccontare di sé, del proprio corpo e dell'impatto che il body shaming o la grassofobia hanno avuto nelle loro storie di vita.

Ogni professionista del sociale ha il dovere, noi crediamo, di farsi narratore di storie taciute, megafono di voci flebili. Se all'inizio del percorso non sarà facile, prevedibilmente, smontare i costrutti sociali e riempire spazi di narrazione di sé per la compagine maschile, sarà molto importante che

---

[52]Reichert M. C., *Quello che non abbiamo ancora capito dei maschi. Guida per crescere giovani uomini nel mondo di oggi,* Milano, Edizioni Feltrinelli, 2020, pp. 5-6

sentinelle attente prestino cura e attenzione a tutti quei soggetti che avranno bisogno di fiducia, tempo e incoraggiamenti per iniziare una lotta contro l'imposto e lo status quo al momento difficile da vedere persino all'orizzonte.

"L'ignoranza che dobbiamo superare, per come io intendo queste parole, è l'ignoranza emotiva di noi stessi. È necessario che noi diventiamo capaci di sperimentare ciò che è più doloroso nelle nostre vite e che arriviamo a comprendere noi stessi tenendo conto di queste esperienze."[53]

La strada è lunga e può far paura, ma il suo fascino risiede proprio in questo. Si tratta, in definitiva, di provare a tornare ad immaginare qualcosa di diverso, provare a sposare la causa della divergenza di pensiero e di opinione contanto sul fatto che il mondo educativo potrà non far sentire solo chi intraprende questo tentativo.

Si tratta di provare ad osare: "Ha ancora senso per noi credere che il singolo debba decidere di sottomettersi al vincolo istituito dalla collettività, cioè alle regole sociali per essere riconosciuto come suo membro?"[54]

---

[53]Ogden T. H., *Vite non vissute. Esperienze in psicoanalisi,* Milano, Raffaello Cortina Editore, 2016, p. 55

[54]Orsenigo J., *Chi ha paura delle regole? Il reale dell'educazione,* Milano, Franco Angeli, 2017, p. 31

Parte 2

11

Uno scontro (in)sanabile

Per gli studiosi di area pedagogico-educativa non è una sorpresa la difficoltà – sottolineata da una quantità infinita di manuali e di letteratura del settore – riscontrata nel corso del tempo nel parlare e meglio ancora definire cosa sia la ricerca in educazione. Molti scritti si sono occupati della cosa con una esaustività certamente più profonda di quanto possa essere quella offerta in questa sede; tuttavia, ci preme comunque fissare la nostra attenzione su un imprescindibile legame che ha guidato l'operato che verrà proposto nelle pagine che seguiranno.

Nello specifico, ci sentiamo totalmente d'accordo con l'affermare l'assoluta e indistricabile unione di due mondi che a lungo sono stati al centro di dibattiti: quello della *teoria* e quello della *pratica*. Meglio ancora, potremmo affermare che nel campo educativo l'azione di ricerca risulta essere sempre e comunque interconnessa strettamente con la materialità educativa: "Per un verso, si fa ricerca in educazione allo stesso titolo per cui si fa ricerca in altri campi: la realtà che si studia contiene di più rispetto a ciò che si pensa su questa realtà. Per un altro verso, non si può fare ricerca in educazione se ciò che si pensa dell'oggetto, non è anche ciò che materialmente si fa.

[...] In educazione non ci può essere ricerca senza azione. [...] Non si fa ricerca se il risultato di questa riflessione [...] non diventa realtà educativa in atto."[55]

Ampliando il discorso, nel campo educativo sembrerebbe essersi sanata – con l'andare del tempo – la frattura che ha da sempre contraddistinto il lavoro di teorizzazione di un'area scientifica con la sua effettiva presenza sul campo. Slegare questi aspetti, dunque, significherebbe fare alle scienze dell'educazione un torto difficilmente perdonabile ma soprattutto significherebbe non riconoscere l'assoluta interdipendenza delle due sfere. La materialità educativa offre continuamente spunti difficilmente prevedibili da teorie pedagogiche le quali, a loro volta, hanno il compito di fornire una cornice epistemologica senza la quale ogni agire sarebbe totalmente improvvisato, dettato dalla contingenza e privo di qualunque ancoraggio.

Immaginare una ricerca che non abbia dei risvolti pratici, validi dal punto di vista quotidiano, significherebbe immaginare una ricerca senza meta, senza forza, senza orizzonte.

La specificità dell'area educativa, quindi, indica chiaramente che sarebbe impossibile lanciarsi in voli pindarici privi di sostanza: "La questione infatti è che nel continuo farsi dell'esperienza nel qui e ora si crea costitutivamente e inevitabilmente un quid di specifico dovuto a quella specifica situazione, a quel contesto, a quel tipo di interazione sociale e interpersonale. Noi possiamo usare il lavoro pedagogico come

---

[55]Erdas F. E., *L'educazione interminabile. Un viaggio nell'utopia*, Roma, Armando Editore, 1996, p. 35

strumento per costruire nuovo sapere, non solo per rideclinare o tradurre nella pratica la teoria, come si usa spesso dire."[56]

Per quanto riguarda il nostro percorso, la cosa si traduce nella convinzione profonda dell'assoluta necessità di immaginare una ricerca capace di essere strumento reale del racconto di sé e della propria esperienza umana, così da poter possedere del materiale capace di stimolare un dibattito interno al mondo educativo e di interrogarlo su questioni che rappresentano una quotidiana difficoltà vissuta da persone di ogni età.

A questo punto, però, ci troviamo a dover evidenziare una seconda spaccatura che ha interessato il mondo educativo: se nel primo caso si trattava di capire quanto fossero indissolubilmente legati l'universo teorico e quello pratico – e quanto anche la ricerca rappresentasse un'importante cerniera capace di unire ulteriormente i due poli – in questo invece si tratta di mettere in risalto i due diversi approcci possibili quando si immagina una ricerca sul campo.

I due approcci o per meglio dire i due metodi hanno a lungo dato adito ad una guerra di schieramenti che ha visto posizionarsi sulla scacchiera voci che caldeggiavano ora per la superiorità dell'uno ora per quella dell'altro.

Il metodo qualitativo e quello quantitativo hanno rappresentato le due squadre in campo, hanno incarnato due modi di guardare alle scienze dell'educazione, due diversi punti di vista, due diverse istanze, forse addirittura due diversi modi di intendere la scientificità stessa della disciplina.

---

[56]Riva M. G., *Il lavoro pedagogico come ricerca dei significati e ascolto delle emozioni,* Milano, Guerini, 2004, p. 17

"Un metodo quantitativo è un insieme di procedure, di tecniche con numeri e operazioni, poste in atto per raggiungere gli obiettivi di una ricerca. [...] I metodi quantitativi includono pertanto le tecniche di elaborazione numerica, fra cui anche quelle statistiche; implicano altresì le procedure di quantificazione, ossia di corrispondenza fra dati dell'osservazione e codici numerici, con la definizione della relazione specifica tra i fenomeni osservati e i numeri che li rappresentano."[57]

Al contrario, invece: "I metodi qualitativi tendono ad analizzare il comportamento umano dal punto di vista dell'attore [...] ed utilizzano l'osservazione naturalistica e incontrollata. Sono soggettivi, vicini ai dati [...], orientati alla scoperta, esplorativi, descrittivi e induttivi. Sono poi orientati al processo, validi [...], non generalizzabili, olistici ed assumono una realtà dinamica."[58]

Appare piuttosto lampante il motivo per il quale nel corso del tempo si siano spese ingenti energie (e se ne spendano ancora) per capire quale dei due metodi sia più *giusto* e meglio rappresentativo delle esigenze da sondare nello scenario educativo e pedagogico. Sembrerebbe essere in gioco una dicotomia difficile da conciliare: da un lato il metodo quantitativo fornisce delle cifre, dei dati, delle percentuali, delle distanze, si serve di scale numeriche ed è in grado di fornire il peso specifico di un fenomeno o di una particolare

---

[57]Viganò R., *Metodi quantitativi nella ricerca educativa,* Milano, Vita e Pensiero Editrice, 1999, p. 29
[58]Delli Zotti G., *Introduzione alla ricerca sociale. Problemi e qualche soluzione,* Milano, Franco Angeli, 2004, p. 56

situazione osservata; dall'altro il metodo qualitativo sembra addentrarsi con più efficacia nelle vite reali, è in grado di fornire informazioni su emozioni, stati d'animo, approfondisce il vissuto della persona ed ha il merito di non appianare le peculiarità del singolo.

Dunque: "Al primo approccio tradizionalmente vengono associati i vantaggi prodotti dalla generalizzabilità dei risultati ottenuti [...], dal rigore nella verifica delle ipotesi [...] e da una minore onerosità (tempi di realizzazione, impegno di risorse economiche e umane). Le critiche rivolte a questo approccio riguardano essenzialmente l'ignorare il contesto nel quale si colloca il soggetto della ricerca e il prendere in esame variabili indipendenti eccessivamente semplici e di conseguenza molto lontane dai fattori che influenzano il comportamento in situazioni reali."[59]

Non sorprende che questa visione contenga in sé non solo la visione di come una ricerca dovrebbe compiersi, ma anche di come i fenomeni educativi analizzati debbano intendersi. I numeri forniscono dettagli generalizzabili, rappresentano un linguaggio universale e risultano essere più spendibili in campo accademico. Di contro, però, proprio per la delicatezza dei fenomeni osservati e per l'incredibile originalità di ogni essere umano e di tutto ciò che lo riguarda, la via alternativa pare preservare aspetti importanti: "In generale ai metodi qualitativi si riconosce, invece, il vantaggio di non ridurre gli individui in aggregati e di non scomporre la realtà in variabili. [...] I limiti

---

[59]Rissotto A., Alvaro F., Rebonato M., *Valutare in ambito sociale.*
Approcci, metodi e strumenti, Roma, Armando Editore, 2006, p. 36

principali dell'approccio qualitativo coincidono con l'impossibilità di utilizzare analisi numeriche per la verifica delle ipotesi, con la difficoltà nella generalizzazione dei risultati, e con l'onerosità."[60]

Le argomentazioni sul piatto – seppur chiaramente non onnicomprensive – possono però rappresentare una cornice sufficientemente chiara nella quale la ricerca in educazione si è mossa nel corso del tempo.

Gli strumenti utilizzati (questionari a domande chiuse, strutturate, semi-strutturate, interviste, griglie, ecc.) sono stati chiaramente distinti e ascritti all'una o all'altra metodologia, con il risultato di aver a lungo dato vigore ad una guerra intestina che – come ogni guerra – poco o nulla ha portato in termini di risultati.

È chiaro che non si possono (e non si vogliono) ignorare le diverse istanze e le peculiarità dei due approcci, ben consapevoli che sia l'uno che l'altro portino con sé una lista di pro e di contro con cui deve fare i conti chi decide di procedere in questo senso; si possono però cercare di superare le (in)sanabili divisioni e approdare ad una flessibilità di utilizzo degli strumenti che consenta di non operare in compartimenti stagni. Se, come abbiamo visto, la ricerca in campo educativo ha il dovere e il diritto di stringere legami saldi con la quotidianità e con la materialità educativa, allora anche gli approcci possono essere utilizzati con quello che sono in fondo: strumenti conoscitivi. L'obiettivo è la conoscenza, non lo strumento che si utilizza per poterla ottenere.

---

[60]ibidem

Certamente chi lavora in ambito educativo ha il dovere di ricordare che: "L'individuo non è una unità isolata, scissa dal suo contesto. È piuttosto l'espressione contraddittoria della sua epoca [...] Il suo vissuto non è assopito nella totalità, ma si manifesta come singolarità, un caso, un'interpretazione."[61] Questo significa tenere ben presente che al di là della metodologia scelta, l'obiettivo è e rimane la persona. Conoscere ciò che la persona vive, prova, sente, pensa, sperimenta, incontra, affronta, è alla base di una pedagogia incarnata nel reale, alle prese con carne viva, con problemi e questioni ben lontane dalle torri d'avorio. Che siano i numeri a poter dare questa idea, che siano le parole, poco importa ai fini della comprensione di un fenomeno, noi crediamo.

Proprio per questo motivo, il questionario che abbiamo proposto a individui di sesso maschile a partire dai 18 anni di età, presenta domande chiuse e domande aperte.

Ci è sembrato doveroso tenere in alta considerazione – dunque – sia ciò che numericamente potrebbe parlarci di un fenomeno sia ciò che narrativamente possa spiegarne i risvolti emotivi.

---

[61](a cura di) Cipriani R., *L'analisi qualitativa. Teorie, metodi, applicazioni*, Roma, Armando Editore, 2008, p. 27

12

Se è online, esiste davvero?

"Il più deciso schema pregiudiziale è quello che vorrebbe il mondo di internet come strumento neutro, così come neutri si considerano l'universo dei media e lo spazio delle tecnologie. Non è così. Anche internet possiede ed esprime una propria cultura. Non è semplicemente una piattaforma che si lascia colmare e colorare dalle mani e dalla mente di chi l'adopera. Anche internet incarna alcuni valori. [...] Se, ad esempio, affermiamo che internet esprime 'velocità, accessibilità, apertura, feedback immediato', non stiamo enunciando una caratteristica del tutto secondaria, come potrebbe essere il colore dell'auto parcheggiata sotto casa; ma stiamo riferendoci ad un modus operandi che poi diventa stile di vita, desiderio condiviso, anelito compartecipato, stigma valoriale."[62]

Ci pare piuttosto superfluo asserire l'assoluta centralità del mondo online nelle pratiche quotidiane di oggi. Internet, con il suo carico di bellezza e di orrori, è di fatto uno dei 'luoghi' che frequentiamo più spesso, con il quale abbiamo più dimestichezza, nel quale lasciamo andare emozioni, soddisfiamo curiosità, celebriamo traguardi, cerchiamo

---

[62]Martiniello L., *Didattica ed educazione nella società tecnologica*, Napoli, Giapeto Editore, 2013, p. 10

informazioni o semplicemente passiamo il tempo. Se il mondo educativo decide di ignorare la rete, decide di ignorare una componente ormai centrale nella vita della maggior parte delle persone, in particolar modo appartenenti ad una certa fascia d'età per la verità ormai sempre più corposa e trasversale.

È impossibile non domandarsi, dunque, quanto e se la rete possa rappresentare una risorsa anche quando si tratta di svolgere una ricerca in educazione; di fatto, ogni passo rappresenta una scelta e ogni scelta porta con sé una lunga serie di possibili conseguenze che si devono poter prevedere (o quantomeno si dovrebbe cercare di farlo). A questo aspetto, naturalmente, dobbiamo affiancare anche una lucida analisi di quanto accade intorno a noi. In quanto strumento, internet risente di ciò che accade intorno a chi quello strumento decide di utilizzarlo. Ci riferiamo, nello specifico, alla pandemia di COVID-19 con la quale facciamo i conti da ormai quasi due anni e che ha aumentato notevolmente il tempo trascorso in rete. Per motivi che risulteranno immediatamente comprensibili, non ci riguardano – in questo momento – ambiti che non siano strettamente connessi a quello di nostro interesse, anche per la politicizzazione dello strumento digitale (pensiamo al discorso intorno alla didattica a distanza, ad esempio, o allo smart working) che ha inevitabilmente macchiato il dibattito pubblico; resta però ovviamente lo sfondo che ha caratterizzato la scelta di procedere con un questionario somministrato online per dare – come si diceva in precedenza – la possibilità di aprire uno spazio dove gli uomini potessero raccontarsi e potessero raccontare le proprie personali esperienze di body shaming e grassofobia.

Naturalmente, però, la scelta di procedere online non è stata priva di rischi. I rischi vanno preventivati e ovviamente ridotti al minimo, ma si deve parlare anche di loro e del loro impatto perché non vi è ricerca senza limiti e i limiti stessi rappresentano, a nostro avviso, una risorsa importantissima della ricerca stessa.

Entrando nello specifico: "I vantaggi di un questionario online sono: le risposte arrivano velocemente, i costi di duplicazione e invio sono inferiori a quelli per l'invio di un questionario cartaceo anzi spesso sono nulli, i dati possono essere immediatamente importati in un database per la successiva analisi, il tempo per l'analisi dei dati viene ridotto, eventuali errori nella costruzione del questionario possono essere corretti più facilmente [...]"[63]

A ciò aggiungiamo – ed è per noi fondamentale – la possibilità offerta dagli schermi di proteggere l'identità e l'anonimato di chi sceglie di sottoporsi al questionario, di dedicare del tempo a rispondere a domande che possono toccare punti delicati della propria memoria e smuovere sentimenti spesso non positivi. Proprio per le tematiche trattate, ci è sembrato assolutamente doveroso permettere alle persone di non lasciare alcuna traccia che potesse ricollegare le proprie risposte ad un nome o ad un volto.

Si parlava, però, di rischi. Quali sono i rischi di proporre un questionario online? Innanzitutto la possibilità che chi decida di rispondere alle domande non sia effettivamente di sesso

---

[63]Preece J., Sharp H., Rogers Y., *Interaction design. Oltre l'interazione uomo-macchina,* Adria, Apogeo Editore, 2004, p. 428

maschile, ad esempio, o che non rispetti effettivamente alcuni requisiti. Inoltre, vi è anche la possibilità che una singola persona compili il questionario più volte (a onor del vero, l'inserimento di un indirizzo mail per accedere alle domande – indirizzo che non sarà visibile a nessuno e men che meno all'autore del questionario – dovrebbe servire a mitigare questa probabilità) o che, naturalmente, decida di mentire sulle risposte. Probabilmente, il problema forse più consistente riguarda la diffusione. Siamo bombardati da cose apparentemente urgentissime che richiedono la nostra attenzione e il tempo trascorso su internet si configura come un tempo di svago, senza contare che solo apparentemente si possono raggiungere grandi quantità di persone ma dipende moltissimo dalla potenza dei nostri account sui social; c'è il rischio che un questionario online non arrivi mai a farsi conoscere veramente e muoia disperso in mezzo alla moltitudine di informazioni che ogni secondo vedono la luce in rete.

Infine, nonostante ai più possa apparire come un'annotazione fuori luogo vista l'epoca in cui viviamo, l'uso dei mezzi digitali per la diffusione dei questionari deve tenere in conto anche un ostacolo solo apparentemente superato: "Il termine Digital Divide riguarda [...] l'accesso, l'utlizzo e l'impatto delle tecnologie con le quali informazioni e comunicazione governano il traffico della navigazione. Un divario che viene identificato in una disuguaglianza economica e sociale nella capacità di interagire sul bene primario della comunicazione digitale, rappresentato dal flusso di dati. [...] Diviene quindi paradosso un sistema dove il web si palesa come strumento che per natura intrinseca possiede il dono di infrangere barriere, e invece può rivelarsi castrante per un contesto non adeguato e pronto all'utilizzo."

13

Costruzione del questionario

Affinché il questionario sia effettivamente uno strumento agile, è necessario avere alcuni accorgimenti nella sua progettazione; accorgimenti che, naturalmente, devono essere arricchiti in base anche alla modalità di somministrazione scelta. Nel nostro caso, il questionario è stato pensato per essere diffuso – come dicevamo – in rete. La rete, per sua caratteristica, è un luogo dove la fruizione di contenuti avviene in modo molto rapido; i video pubblicati, i post scritti, sono asciutti e diretti e non devono impegnare molto il lettore altrimenti correremmo il rischio di vederlo passare oltre. D'altro canto, però, è bene anche che il pubblico possa rispondere a stimoli diversi, anche ad un questionario magari meno rapido del solito.

In rete, protetti da uno schermo e dall'anonimato, possiamo scegliere quando andar via; dunque, va da sé, possiamo anche scegliere di rimanere.

Consultando diversi siti internet, abbiamo ritrovato più o meno sempre gli stessi consigli che riportiamo per comodità così raccolti:

- Utilizzare il linguaggio adatto: le domande devono poter essere recepite in maniera immediata; se sappiamo che ci stiamo approcciando ad una fascia d'età più giovane o magari ad esperti di un settore disciplinare specifico e così via, dobbiamo riuscire ad adattare il nostro linguaggio a quello del pubblico a cui arriverà;

- Utilizzare un linguaggio semplice: non si tratta solo di calibrare il giusto registro ma anche di rendere il messaggio chiaro e semplice da comprendere; spesso chi gironzola in rete non ha né tempo né voglia di decifrare roboanti e complessi paroloni ed è giusto che sia così;
- Variare la tipologia di domande: per tenere alta l'attenzione, un buon escamotage può essere quello di proporre quesiti formulati in modo tale da non risultare né ripetitivi né di difficile 'digestione';
- Prevedere domande aperte: le domande chiuse a risposta multipla possono essere molto utili per definire numericamente certi aspetti della vicenda che abbiamo intenzione di approfondire, ma lasciare la possibilità di esprimere il proprio parere o di raccontare qualcosa di sé senza limiti è necessario per evitare di incorrere in un asettico resoconto privo di sfumature e di originalità.

La lista potrebbe continuare ancora a lungo ma ci premeva dare una sintetica visione d'insieme che ovviamente va riadattata di volta in volta. Nello specifico, poi, ci sembra importante sottolineare come per alcuni argomenti come quello trattato in questo caso e dunque per la maggior parte dei problemi che riguardano le scienze dell'educazione, ci voglia anche una sorta di delicatezza nel rivolgere una domanda e quindi nello strutturarla. Non bisogna mai perdere di vista la cosa più importante di tutte: chi è impegnato nelle relazioni d'aiuto, tocca con mano corde che spesso i più preferiscono nascondere sotto il tappeto. Una modalità irruenta, pregiudizievole, rischia di ottenere chiaramente un allontanamento del soggetto interpellato.

Anche nel condurre una ricerca, dunque, alcuni aspetti devono rimanere ben saldi nella mente del ricercatore: "Lavorare nelle relazioni di aiuto è uno stimolo formidabile a provare emozioni di ogni genere. Il rapporto con gli altri non può essere freddo per definizione. E non è neanche il caso che lo sia. Non bisogna confondere un atteggiamento professionale con il disinteresse o la distanza emotiva. Inevitabilmente nel momento in cui si aiutano persone che hanno dei problemi, si viene coinvolti emotivamente. È essenziale dunque assumere nei confronti delle proprie emozioni un atteggiamento di accettazione e consapevolezza, invece che di rifiuto. Solo accettando le proprie emozioni ed acquisendone consapevolezza si può evitare di esserne trascinati."[64]

La piattaforma Google offre una funzione molto preziosa: i Moduli. Attraverso questa applicazione aggiuntiva, è possibile creare il proprio questionario e diffonderlo secondo i canali che si ritengono più opportuni. Canali che, naturalmente, devono essere scelti direttamente dal creatore del sondaggio o del questionario in questione. A ciò aggiungiamo un elemento di praticità: l'applicazione permette non solo di costruire questionari secondo le modalità ritenute più congeniali, ma

---

[64]Spagnulo P., *Guida al counseling. I fondamenti tecnici della relazione d'aiuto,* Salerno, Ecomind Edizioni, 2006, p. 8

anche di costruire rappresentazioni grafiche dei dati raccolti attraverso una loro automatica elaborazione.

Il questionario che segue è stato diffuso attraverso LinkedIn, YouTube, Facebook e Instagram ma ha probabilmente generato il maggior numero di risposte attraverso il passaparola, al quale bisogna riconoscere meriti oggettivi: "Abbiamo già visto che il passaparola funziona perché nella comunità ci sono individui dotati della speciale abilità di 'mettere in comunicazione il mondo'. Una prima condizione indispensabile è che il connettore [...] conosca molta gente, sia in grado di familiarizzare con tutte le persone che incontra e di stringere un numero eccezionale di relazioni e conoscenze. Una seconda condizione [...] è che i leader del passaparola non sono importanti solo per il numero, ma anche per il genere di persone che conoscono."[65]

Anche al di là della teorizzazione sul passaparola, che naturalmente non si esaurisce nell'approfondimento proposto, riconosciamo la forza che può avere la condivisione di un questionario se a proporlo è un amico, un conoscente, qualcuno di cui ci fidiamo o al quale, molto più banalmente, dobbiamo un favore.

---

[65]Vecchiato G., *Relazioni pubbliche e comunicazione. Strumenti concettuali. Metodologia. Case history,* Milano, Franco Angeli, 2004, p. 74

14

Cosa, come e soprattutto perché?

Il questionario proposto consta di 27 domande così suddivise:

- 18 domande chiuse a risposta multipla, di cui 17 obbligatorie;
- 7 domande aperte di cui 3 obbligatorie;
- 2 domande miste (intendiamo così domande a risposta multipla che offrivano l'opportunità di inserire attraverso la voce 'altro' risposte non previste in precedenza) di cui 1 obbligatoria.

Analizzeremo adesso i singoli quesiti così da poter fornire una sintetica elaborazione su tre fronti: comprendere cosa sia stato chiesto, come sia stata posta la domanda e la motivazione che ha spinto al suo inserimento nel questionario:

- Età
  - 18 – 25
  - 26 – 35
  - 36 – 45
  - > 46

La domanda, obbligatoria, ha avuto il compito naturalmente di identificare la fascia d'età del soggetto; si è preferito rivolgersi a uomini che avessero già compiuto il diciottesimo anno di età senza prevedere un limite superiore, aprendo così le porte alla platea più vasta che fosse possibile intercettare.

- Titolo di studio
  - Licenza elementare
  - Licenza media
  - Diploma
  - Laurea triennale
  - Laurea specialistica/magistrale
  - Laurea magistrale a ciclo unico

La domanda, obbligatoria, ha avuto il compito di identificare il livello di scolarizzazione del soggetto; si è preferito non rivolgersi ad una fascia in particolare.

- Zona geografica di appartenenza
  - Nord
  - Centro
  - Sud e Isole

La domanda, obbligatoria, ha avuto il compito di identificare la provenienza geografica di appartenenza del soggetto.

- Sei soddisfatto del tuo aspetto fisico?
  - Sì
  - No
  - Abbastanza

La domanda, obbligatoria, ha avuto il compito di introdurre il soggetto nel vivo dell'argomento trattato. Si intendeva cominciare a far concentrare la persona sulla percezione di sé e del proprio corpo, cercando di capire quale grado di soddisfazione sul suo aspetto avesse.

- Cambieresti qualcosa del tuo corpo?

La domanda, obbligatoria, è la prima domanda aperta che troviamo. Ci interessava molto che il soggetto, dopo aver ragionato sul grado di soddisfazione di sé, cercasse anche di riflettere su quali parti del suo corpo causassero l'eventuale insoddisfazione esplicitata in precedenza.

- Il grado di soddisfazione riguardo il proprio corpo, dipende dallo sguardo degli altri?
    - o Sì
    - o No
    - o A volte

La domanda, obbligatoria, aveva il suo focus sull'esplicitazione del peso dello sguardo altrui sulla considerazione della propria avvenenza. Se la bellezza è negli occhi di chi guarda, siamo belli solo se gli altri ci vedono così?

- Quanto incide il peso di una persona sulla sua bellezza?
    - o Molto
    - o Poco
    - o Abbastanza
    - o Per niente

La domanda, obbligatoria, intendeva cominciare a sondare l'idea del soggetto in merito alla bellezza altrui e nello specifico all'influenza di un peso più o meno consistente sull'immagine complessiva dell'altro.

- Ti è mai capitato di pensare che gli altri ti avrebbero apprezzato maggiormente se fossi stato più magro?
    - o Sì
    - o No
    - o A volte

La domanda, obbligatoria, intendeva comprendere la personale convinzione del soggetto sulla correlazione tra l'apprezzamento altrui e il proprio peso corporeo.

- Ti è mai capitato di pensare che avresti potuto
  apprezzare maggiormente qualcuno se fosse stato più
  magro?
  o Sì
  o No
  o A volte

La domanda, obbligatoria, risulta strettamente connessa con la
precedente ma intende indagare la convinzione che possa
esserci una correlazione tra l'apprezzamento dell'altro e il suo
peso corporeo.

- Ti è mai capitato di pensare che avresti potuto avere
  una maggiore realizzazione professionale e personale se
  fossi stato percepito come più aderente ai canoni
  estetici standard?
  o Sì
  o No
  o A volte

La domanda, obbligatoria, intendeva inserirsi nell'ambito della
percezione di sé e del successo del proprio percorso di vita
compiuto alla luce di un ragionamento focalizzato sulla propria
aderenza o mancata aderenza ai canoni estetici standard della
società. Si intendeva stimolare la riflessione partendo da
quanto discusso in precedenza su una presunta premialità
sociale per i corpi maggiormente rispettosi dei dettami delle
idealizzazioni fisiche.

- Pensi che sia giusto precludere certe professioni
  (ballerino, modello, ecc.) a chi si discosta da un ideale
  standard di bellezza e fisicità?
  o Sì

o No

o In alcuni casi

La domanda, obbligatoria, intendeva focalizzarsi più attentamente sul mondo lavorativo, interpellando il soggetto sulla propria convinzione in merito alla possibilità o meno che un corpo non conforme possa rivestire ruoli professionali tendenzialmente ritagliati su corpi e fisicità con caratteristiche ben definite e codificate.

- Hai mai ricevuto offese o commenti poco carini sul tuo aspetto fisico?
  o Sì
  o No
- Se sì, a che età?

Le domande, una obbligatoria e l'altra completamente facoltativa e aperta, intendevano interrogare l'esperienza di vita del soggetto e l'essere venuto a contatto o meno con episodi di body shaming. Si è deciso di lasciare libera la possibilità di inserire l'età o il periodo di riferimento perché la persona non fosse costretta a 'racchiudere' in un determinato lasso temporale predefinito episodi che magari avevano avuto una durata difficile da inquadrare con precisione.

- A cosa erano rivolti?
  o Peso
  o Altezza
  o Muscolatura
  o Dimensioni del pene
  o Altro

La domanda, facoltativa e 'mista', presentava al soggetto alcuni suggerimenti su parti del corpo che risultano particolarmente sensibili – nel mondo degli atti di body shaming – agli insulti se riferiti ad un corpo maschile. Si è offerta la possibilità, naturalmente, di aggiungere un'opzione non prevista da quelle segnalate, consci che la varietà delle offese non possa essere racchiusa in qualcosa di numericamente esiguo.

- Da chi ti sono stati rivolti?
  - Donne
  - Uomini

La domanda, facoltativa, intendeva approfondire – seppur con tutti i limiti del caso – il sesso della persona autrice dell'atto di dileggio ai danni del soggetto, qualora ovviamente in precedenza il soggetto avesse riconosciuto di averne subiti nella propria esperienza di vita.

- Ti sei mai sentito offeso, sul piano estetico, da una figura professionale (medico, psicologo, nutrizionista, ecc.) a cui ti sei rivolto?
  - Sì
  - No

La domanda, obbligatoria, intendeva appurare la possibilità che il soggetto avesse subìto l'atto di body shaming da una figura professionalmente impegnata nella cura alla persona. Come riportato in precedenza non si tratta di un caso limite, purtroppo, ma di possibilità piuttosto concrete pur nel loro paraddossale verificarsi.

- Se ti va racconta uno o più episodi significativi in merito alle offese o ai commenti ricevuti.

La domanda, facoltativa, lascia la massima libertà nella narrazione di un episodio che ha rappresentato per il soggetto un momento nel quale il suo fisico e la sua corporeità sono stati oggetti di scherno; si intendeva offrire la possibilità di narrare se stessi ricercando, nel proprio percorso di vita, momenti specifici nei quali si è avvertito il peso di possedere caratteristiche discordanti da quelle comunemente accettate o peculiarità ritenute poco adatte alla visione sociale.

- Hai mai offeso qualcuno per una sua caratteristica fisica?
  - o Sì
  - o No
- Se sì, quale?

Le domande, la prima obbligatoria e la seconda facoltativa e aperta, spostavano l'attenzione da sé come oggetto a sé come soggetto dell'azione di scherno; riflettere sul proprio vissuto significa, dunque, non solo cercare di individuare momenti nei quali abbiamo subìto il dileggio o l'oltraggio ma anche (e forse soprattutto) il momento nel quale lo abbiamo fatto subire ad altri, lo abbiamo utilizzato per colpire, sminuire, ridurre al silenzio o semplicemente per sottolineare discostamenti da uno standard introiettato.

- Quali credi possano essere i luoghi più predisposti alla ghettizzazione di corpi non conformi ad un ideale standard di bellezza?
  - o Lavoro
  - o Scuola
  - o Palestra
  - o Strada
  - o Famiglia
  - o Cerchia di conoscenti o amici
  - o Social/Internet

o   Altro

La domanda, obbligatoria, permetteva al soggetto di riflettere su quali secondo lui (secondo la propria esperienza diretta o anche semplicemente secondo un ragionamento magari privo di qualunque personale vissuto) possano essere i 'luoghi', fisici o meno, dove gli episodi di body shaming e grassofobia possono trovare un habitat fertile per il loro prosperare. Sono 'luoghi' che quotidianamente attraversiamo e abitiamo tutti ma, naturalmente, per evitare che la lista proposta fosse riduttiva, si è prevista la possibilità con la voce 'altro' di lasciare che l'interpellato aggiungesse liberamente il 'proprio' posto, l'ambiente secondo lui più potenzialmente nocivo.

- Riflettendoci molto liberamente, qual è l'immagine che assoceresti alla definizione di body shaming?

La domanda, facoltativa e aperta, aveva come obiettivo quello di lasciare libertà al soggetto sulla rappresentazione personale del concetto di body shaming e sull'azione offensiva. All'inizio del questionario, in maniera naturalmente molto sommaria, sono state proposte sintetiche definizioni di grassofobia e body shaming ma il nostro intento era quello di superare la definizione da dizionario e stimolare in qualche modo l'immaginazione, la personale visione delle cose. A cosa si pensa quando si pensa al body shaming? Qual è l'immagine che si forma nella nostra mente e davanti ai nostri occhi? Cosa ci suggerisce la parola? E soprattutto: cosa possiamo prendere da queste immagini da utlizzare magari in una ipotetica operazione di sensibilizzazione sulla questione?

- Avevi mai sentito parlare di body shaming e grassofobia prima di rispondere a queste domande?

o Sì

o No

o Solo della grassofobia

o Solo del body shaming

La domanda, obbligatoria, intendeva appurare la conoscenza degli interpellati sui fenomeni in questione. Ci è sembrato interessante provare a comprendere se la compagine maschile, immersa in una fitta rete di articoli, saggi, servizi televisivi, interventi radiofonici, senta la cosa vicina al proprio vissuto, alla propria quotidianità, alla propria esperienza di vita.

- Ritieni che si parli abbastanza dei fenomeni del body shaming e della grassofobia nell'universo maschile?

  o Sì

  o No

La domanda, obbligatoria, intendeva interrogare gli interpellati sulla questione focale dell'intero lavoro: si parla a sufficienza dei fenomeni in oggetto riferiti al mondo maschile? Nella giusta trattazione dell'argomento, nei saggi e nella letteratura, negli articoli, negli spettacoli teatrali, nelle pagine dedicate su Instagram, nei progetti di contrasto, la compagine maschile è rappresentata? Gli uomini sentono il loro corpo inserito nel flusso dei ragionamenti? Il corpo maschile, per meglio dire, è difeso a sufficienza? Ci si ragiona sopra? E soprattutto: si sente il bisogno che questo avvenga con maggiore forza rispetto allo stato delle cose?

- Ritieni che l'educazione (all'affettività, all'empatia, ecc.) possa svolgere un ruolo di contrasto al fenomeno?

  o Sì

  o No

- Per favore, motiva la tua risposta

La prima domanda, obbligatoria, intendeva raccogliere dati sulla percezione di efficacia del ruolo educativo come arma di contrasto ai fenomeni in oggetto. L'azione di cambiamento ha sempre un centro propulsivo al quale si delega, in qualche modo, il tentativo di modificare lo status quo: può questo centro propulsivo essere il mondo educativo? E soprattutto: si riconosce al mondo educativo il potere di poter intervenire in merito con risultati che possano garantire un reale cambiamento? La seconda, anch'essa obbligatoria ma aperta, intendeva consentire una argomentazione più articolata del pensiero espresso in precedenza.

- Se li conosci, credi che i movimenti del body positive e della fat acceptance possano essere efficaci nel contrasto del fenomeno?
  - Sì
  - No
  - Non conosco

La domanda, obbligatoria, intendeva sondare la conoscenza dei soggetti in merito alle risposte messe in campo fino a questo momento per il contrasto dei fenomeni in oggetto. Abbiamo ritenuto importante comprendere, seppur sommariamente, se le proposte di una visione alternativa della cosa fossero realmente incisive o quantomeno avessero una portata tale da essere effettivamente conosciute dal maggior numero di persone. Il rischio, pari a quello di moltissimi servizi alla persona, è quello della scarsa conoscenza delle strade alternative; esattamente come non si può ricorrere ad un servizio se non siamo a conoscenza della sua esistenza, allo stesso modo non ci si può rapportare ad una realtà di contrasto ai fenomeni denigratori privandoli al contempo di forza, incisività e apporto di linfa progettuale.

- Quali strumenti ritieni possano essere utilizzati efficacemente per contrastare il fenomeno?

La domanda, aperta e obbligatoria, intendeva porre l'accento sulla messa in campo delle proprie risorse e del proprio pensiero per la ricerca di una possibile soluzione. Se, come detto, possiamo comprensibilmente capire che si deleghi il cambiamento dello status quo a professionisti dei settori interessati da un fenomeno, possiamo comunque affermare che nulla di ciò che è umano debba essere totalmente estraneo. I fenomeni riguardanti la società, che dalla società nascono e sulla società ricadono, devono riguardare tutti se non come professionisti tirati in ballo quantomeno come cittadini. Sembra quasi incredibile, nella sua semplicità, ma il concetto è piuttosto chiaro: non si può immaginare la società come un'entità a sé, dotata di pensiero autonomo; la società è composta da individui ed è dal microcosmo che si può pensare di operare un cambiamento a livelli più alti, per non correre il rischio di rimanere impantanati nella speranza che un deus ex machina giunga a salvarci.

In sostanza: "Il lamentarsi consiste nel chiamare in causa un terzo, implicitamente, al fine di risolvere il proprio problema. In realtà, la fantasia inconscia di chi si lamenta non è quella di risolvere un problema, ma di poter continuare a lamentarsi, in un logica in cui l'altro non potrà mai esserci veramente di aiuto […] Vorrebbe soltanto che magicamente l'altro risolvesse il problema, senza la possibilità di affrontarlo direttamente. Viene annullato il desiderio. Chi trasforma il desiderio in lamento, lascia indefinito e quindi irrealizzabile il desiderio stesso."[66]

[66]Stagnitta S., *Come in uno specchio. Un viaggio tra cinema e psicologia,* Roma, Ultra Edizioni, 2020, pp. 240 – 241

15

Presentazione dei dati e commento

Al questionario, proposto online e diffuso secondo le modalità sopra riportate, hanno risposto 71 persone.

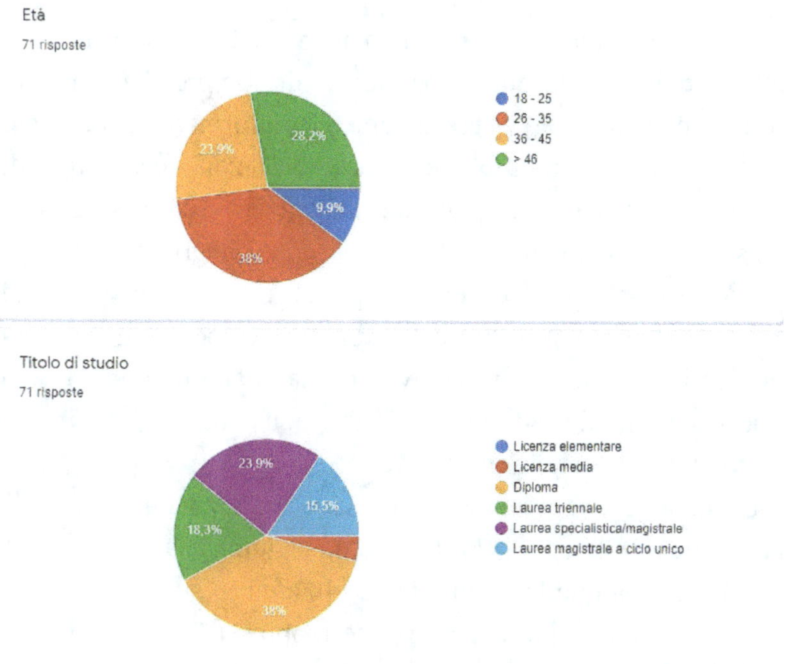

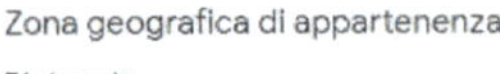

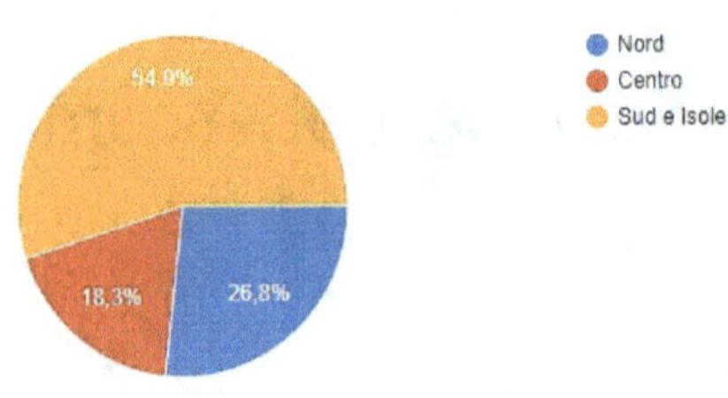

Come abbondantemente riportato in precedenza, le prime tre interazioni prevedevano la possibilità di comprendere meglio, sotto un punto di vista meramente informativo, l'età dei partecipanti, il loro titolo di studio e la zona geografica di appartenenza. Ci pare opportuno evidenziare come, senza che vi sia stato alcun intervento in tal senso, il gruppo sia stato particolarmente eterogeneo in queste tre caratteristiche ad eccezione forse proprio dell'ultimo dato che segnala una predominanza di uomini che vivono, lavorano o sono nati nel Sud e nelle Isole, attestati al 54.9% della totalità, seguiti dal Nord al 26.8% e dal Centro al 18.3%.

Più piccolo anche il numero di persone appartenenti alla casella anagrafica 18-25, il 9.9% del totale, seguiti dalla fascia 36-45 al 23.9% e da quella di uomini dai 46 anni in su al 28.2%, per finire alla più corposa (26-35) che rappresenta invece il 38% della totalità.

Ben rappresentati anche i vari livelli di scolarizzazione a partire dal 4.2% di chi ha la licenza media come titolo di studio principale e passando per il 15.5% dei laureati con magistrale a ciclo unico, il 18.3% con laurea triennale, il 23.9% con laurea specialistica o magistrale e arrivando al 38% dei diplomati, che hanno quindi rappresentato la maggior parte del campione intercettato.

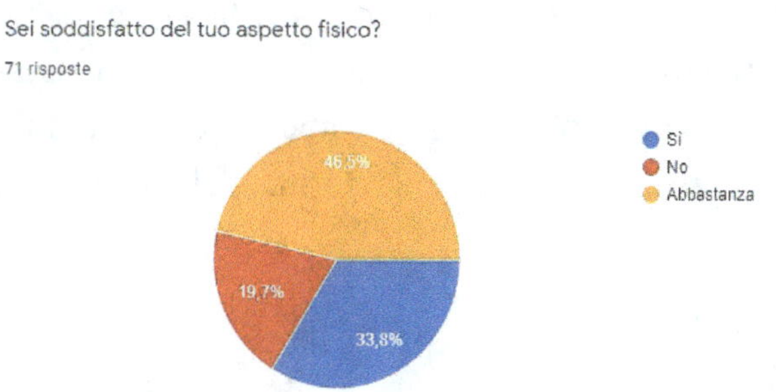

Alla domanda sul grado di soddisfazione riguardo il proprio aspetto fisico, solo il 33.8% ha dichiarato di sentirsi completamente a proprio agio con la propria corporeità; il 46.5% ha invece detto di sentirsi abbastanza soddisfatto e il 19.7% di non sentirsi per nulla soddisfatto. Questo è un dato importante e lo è ancora di più se letto insieme a quello successivo, per il quale si è deciso di non produrre alcuna rappresentazione grafica trattandosi di una risposta aperta che mirava ad indagare cosa gli intervistati nella loro totalità (dunque anche coloro che avevano risposto di essere totalmente soddisfatti) volessero cambiare del proprio corpo, nell'eventualità naturalmente di una effettiva volontà in questo senso.

Solo 6 persone hanno affermato di non voler cambiare nulla. Gli altri, pur con tutte le sfumature espresse nelle risposte, hanno affermato che cambierebbero alcuni aspetti del loro corpo. Nella maggior parte dei casi è stato il peso ad essere indicato come elemento di disturbo per una visione migliore di sé: pancia, grasso e volontà di dimagrimento generale hanno quasi caratterizzato la totalità delle risposte ma non sono mancati riferimenti all'altezza, ai denti, ai piedi, al petto, alle gambe, ai capelli/barba, alle rughe e alle mani. Molti hanno espresso la volontà di irrobustirsi fisicamente cambiando la loro prestanza muscolare, le spalle, la forma del fisico o del proprio volto.

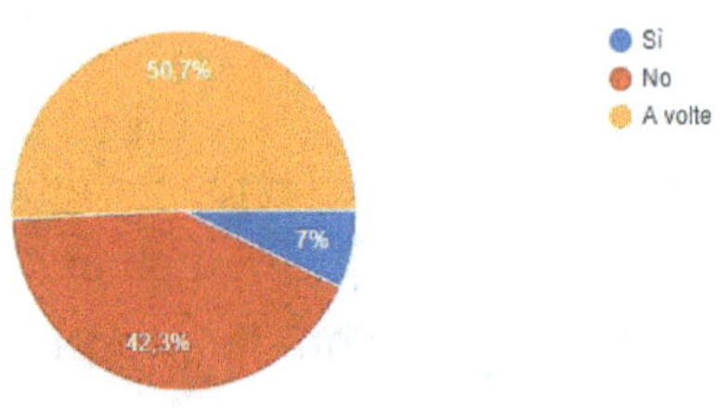

Si sarebbe potuto proporre il quesito con la più diffusa domanda: la bellezza è negli occhi di chi guarda? Essere soddisfatti del proprio corpo, dunque, parte da una reale e intrinseca convinzione sulla propria piacevolezza estetica oppure è una conseguenza di sguardi benevoli che hanno accompagnato il nostro incedere nel mondo? Qualche suggerimento scientifico non manca: "Un sorriso poco aperto, un volto asimmetrico, un naso troppo pronunciato. Cosa conta nel giudizio sulla bellezza? La soggettività di sicuro: ciò che è bello per me non lo è necessariamente per altri. Ma c'è di più. Uno studio pubblicato su *Current Biology* conferma ciò che il senso comune predica da tempo. La valutazione estetica di un volto non è solo strettamente personale ma è anche il risultato di esperienze uniche per ciascun individuo. [...] Esistono canoni di bellezza largamente condivisi, come nel caso di un volto simmetrico che attira nel 50% dei casi. La rimanente percentuale di giudizio dipende poi dal vissuto personale di ciascuno."[67]

Il 7% degli intervistati ha affermato che il grado di soddisfazione sul proprio corpo dipende direttamente dallo sguardo degli altri; il 50.7% si è dichiarato abbastanza d'accordo con questo assunto mentre il 42.3% ha invece detto che non vi è alcuna correlazione. È proprio su questo dato che sarebbe il caso di ragionare in maniera più approfondita: su Google, digitando la domanda 'Come posso piacere agli altri?' otteniamo rapidamente più di 34 milioni di risultati. È innegabile che questa sia l'epoca dell'apparire e un ruolo centrale sembrano averlo tutte le piattaforme (Instagram in testa) dove si cerca disperatamente l'approvazione altrui sulla propria prestanza e la propria piacevolezza allo sguardo: "Foto ritoccate, selfie, filtri Instagram che cambiano i connotati e ora la Rich Girl Face, cioè la medicina estetica per assomigliare a ragazze famose. C'è una smodata fame di bellezza nella nostra società, ma si fa fatica a riconoscerla. Una bellezza standard: suggerita non più dalle dee dipinte sui quadri, ma dai selfie che si susseguono sui social. E pazienza se, un giorno, sembreremo tutti uguali. Dove non arrivano i filtri arrivano i trattamenti.

---

[67]Curcio A., *La bellezza è negli occhi di chi guarda,* 2016, www.stile.it, visionato in data 21/10/2021

[…] il 42esimo *Congresso nazionale della Società di Medicina Estetica,* tenutosi a Roma, ha evidenziato come sempre più adolescenti chiedano al medico estetico di trasformare la propria immagine [...]"[68]

Sarebbe interessante, dunque, approfondire e vivisezionare il dato (piuttosto netto) di chi non vede, invece, alcun tipo di influenza esterna sulla propria concezione di bellezza personale e sul grado di soddisfazione nei confronti della propria corporeità, approfondendo meglio – ad esempio – l'uso che queste persone fanno dei social network per capire se sia o meno coerente con quanto riportato nel questionario.

Anche questo dato ha una rilevanza piuttosto consistente. Tra gli intervistati, il 12.7% afferma che il peso di una persona non incida per niente sulla sua bellezza. Stessa percentuale, invece, per coloro che affermano l'esatto contrario e cioè che incida molto. Il 32.4% afferma di considerarlo poco incisivo e il 42.3% abbastanza incisivo. Il quadro che ne esce è piuttosto

---

[68]Santucci K., *Selfie, filtri e labbra ritoccate tra le giovanissime: così nascondiamo le insicurezze,* 2021, www.ilcapoluogo.it, visionato in data 21/10/2021

lampante: per l'87.4% del campione il peso ha (seppur con gradazioni diverse) una funzione, gioca un ruolo nel riconoscimento all'alterità di un aspetto estetico piacevole. Che questo abbia conseguenze solo e unicamente sul campo – per così dire – inerente il gradimento esteriore, è un mito che abbiamo già provveduto a sfatare: "[...] oggi l'obeso è visto soprattutto come colui che non è capace di controllarsi e di adattarsi ai canoni della società. Gli obesi diventano colpevoli di non sapere dimagrire, di non saper controllare il loro corpo. Nella società dominata dalla performance, l'individuo deve dimostrate innanzitutto d'esser capace di agire su se stesso. Da qui la riprovazione per chi non vi riesce. Se in passato l'obeso era considerato un individuo gaudente, oggi la sua immagine è associata alla sofferenza e all'esclusione."[69] Ad ogni modo, vista la domanda in oggetto, sembra essere sostanzialmente confermata l'idea che nel corso del tempo siano completamente cambiati i canoni di bellezza di riferimento.

Ti è mai capitato di pensare che gli altri ti avrebbero apprezzato maggiormente se fossi stato più magro?

71 risposte

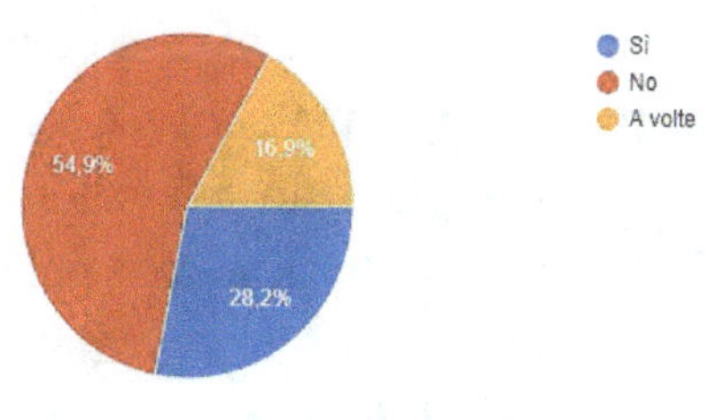

---

[69]Gambaro F., *Quando grasso era bello,* 2010, www.ricerca.repubblica.it, visionato in data 21/10/2021

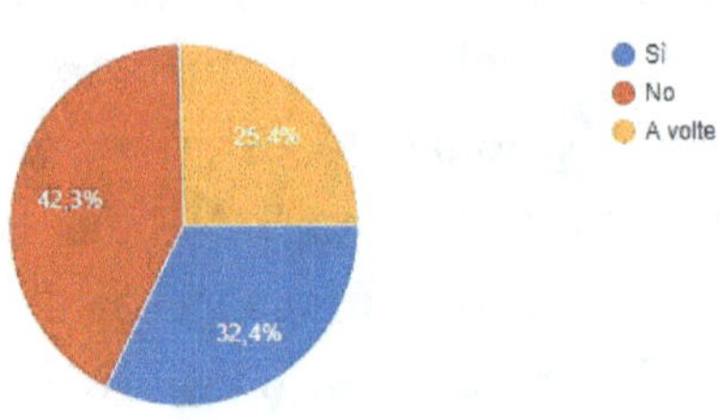

Dallo sguardo sull'altro allo sguardo su di sé.

Il primo dei due grafici proposti riguarda la suddivisione degli intervistati di fronte alla riflessione su di sé e sul proprio corpo, stimolati dalla richiesta di sapere se si fossero mai chiesti di aver incontrato sul proprio cammino la possibilità mancata di essere apprezzati sulla base del loro peso. Il 54.9% ha risposto di non aver mai pensato di poter essere maggiormente apprezzato se fosse stato più magro, al contrario del 28.2% che ha invece dichiarato l'esatto opposto e del 16.9% che invece ha detto di aver provato a volte questa sensazione.

Il secondo, invece, ha provato a sondare l'altra faccia della medaglia, chiedendo agli intervistati se avessero mai pensato di poter apprezzare maggiormente qualcuno se solo fosse stato più magro. Il dato diventa piuttosto rilevante: il 32.4% ha risposto di sì, il 25.4% ha risposto di averlo pensato a volte e solo il 42.3% ha risposto in maniera totalmente negativa. Questo significa che il 57.8% (più o meno spesso), riflettendo, si è reso conto di aver giudicato qualcuno in maniera negativa o comunque non positiva, apprezzandolo di fatto di meno, solo e unicamente per il suo peso e non per ragioni legate al suo comportamento, alla sua condotta, alla sua professionalità, alla sua simpatia, alle sue conoscenze, ecc. Ci pare di trovarci di fronte al dato numerico inerente il pregiudizio di cui abbiamo parlato diffusamente nel capitolo precedente e di cui parleremo ancora in quello successivo: "Lo 'stigma sul peso' [...] è il pregiudizio e la discriminazione nei confronti di una persona in base al suo peso. È l'idea che una persona con un corpo più grasso non abbia il solito valore di una persona con un corpo magro."[70] Non siamo in presenza solo di un pregiudizio dannoso per la qualità della quotidianità della persona vittima di grassofobia, ma anche di un danno a lungo termine che di fatto imprigiona la persona grassa in una sorta di ruolo caricaturale, attributi positivi inclusi: "Gli stereotipi sociali attribuiscono alle persone obese mancanza di disciplina, inattività, problemi legati alla sfera emotiva e psicologica. Un'unica qualità positiva è parte dello stereotipo: gli obesi sono visti come divertenti, simpatici e affettuosi."[71]

---

[70]Torre E., *Weight stigma: cosa è lo stigma sul peso e come si manifesta?*, 2019, www.nutrizionistaalucca.com, visionato in data 21/10/2021
[71](a cura di) Gremigni P., Letizia L., *Il problema obesità. Manuale per tutti i professionisti della salute*, Rimini, Maggioli Editore, 2011, pp. 73 - 74

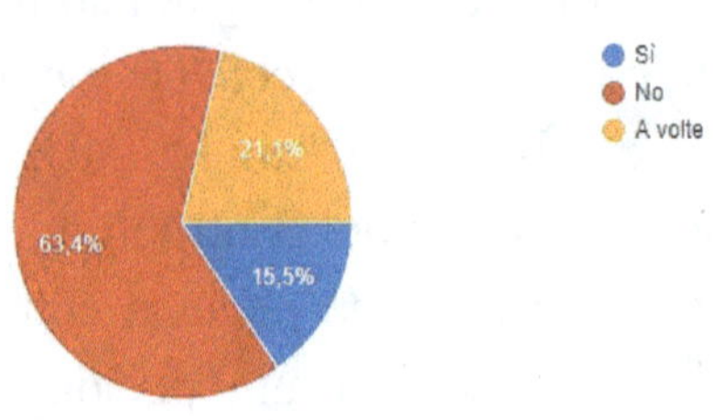

Anche in questo caso siamo in presenza di dati di una certa importanza ai fini del nostro discorso. Si è chiesto agli intervistati se siano mai arrivati alla conclusione che avrebbero potuto avere una maggior realizzazione professionale se fossero stati percepiti come più aderenti ai canoni estetici standard. Un importante numero di persone, il 63.4% ha chiaramente detto di no; il 21.1% ha dichiarato di averci pensato a volte, il 15.5% ha detto di sì. Sarebbe stato interessante conoscere le motivazioni che hanno spinto la maggior parte delle persone a rifiutare l'idea: "Le statistiche parlano talmente chiaro che l'economista americano Daniel S. Hamermesh, docente della University of Texas di Austin [...] ha lanciato una proposta: visto che i belli guadagnano il 4 per cento in più dei brutti e le belle l'8, perché non pensare a un risarcimento morale per chi nasce inviso a Venere? [...] L'economista ha infatti calcolato che le donne belle guadagnano l'8 per cento e gli uomini il 4 per cento in più delle colleghe e dei colleghi meno avvenenti, e che gli uomini, se brutti, subiscono una penalizzazione del 13 per cento in busta paga."[72]

Anche l'accesso ad alcune professioni risulta ancora piuttosto problematico, per chi non offre un'immagine di sé aderente a determinate linee guida, per quanto probabilmente si stia pian piano facendo spazio un nuovo modo di vedere le cose.

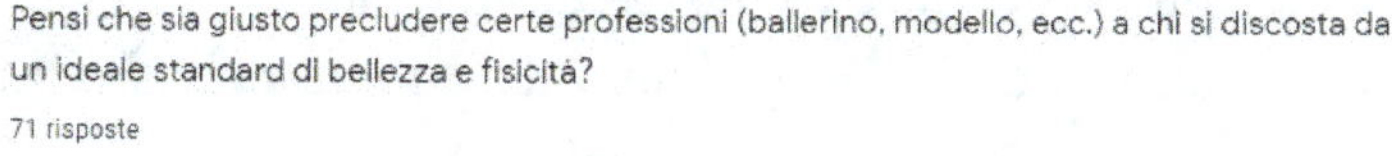

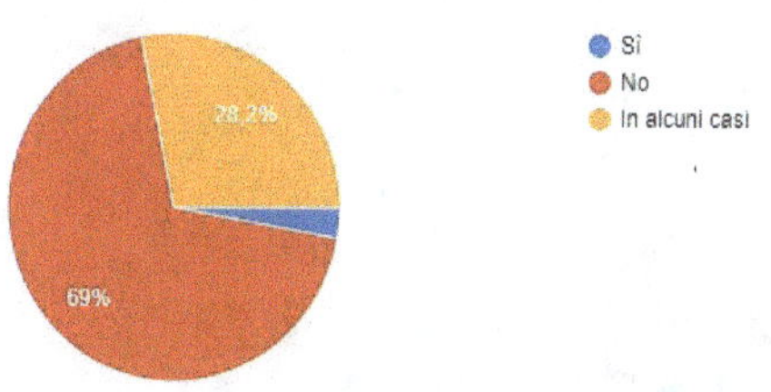

Nonostante possa rassicurare l'alta percentuale di interpellati che ha risposto di non ritenere giusto che alcune professioni vengano precluse a chi si discosta da un ideale standard di fisicità e bellezza (il 69%), si dovrebbe cercare di comprendere il motivo del permanere di sacche di resistenza: il 28.2% lo ritiene infatti giusto in alcuni casi, il 2.8% lo ritiene giusto a piori.

Tristemente: "Un aspetto fisico non piacente sta diventando in realtà un motivo di discriminazione non solo nell'interazione adolescenziale e giovanile, nelle scelte matrimoniali, nella possibilità di intraprendere una carriera politica, ma anche nella stessa ricerca del lavoro. A tal fine l'imperativo dell'apparenza

---

[72]Ficocelli S., *La bellezza al lavoro paga e chi è brutto merita risarcimento,* 2011, www.repubblica.it, visionato in data 21/10/2021

imposto dagli attuali canoni di bellezza ha fatto sorgere la necessità di corsi per migliorare la propria immagine, il proprio look."[73]

Al di là, quindi, di ciò che il campione ha evidenziato, molta strada resta da compiere in questa direzione e occorrerebbe farlo anche con una certa fretta affinché non sia solo l'assenza del lavoro al centro delle disquisizioni dei salotti televisivi ma anche – e forse soprattutto – la sua qualità.

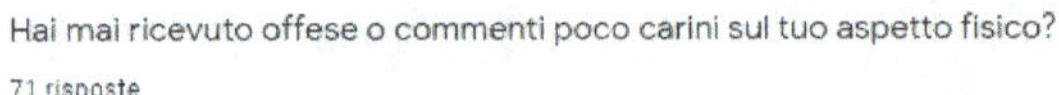

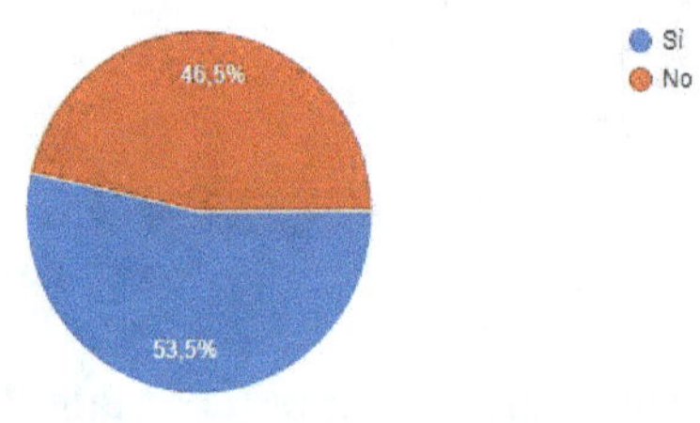

---

[73]Squicciarino N., *Significati dell'abbigliarsi. L'apparire non esclude l'essere,* Roma, Armando Editore, 2017, p. 17

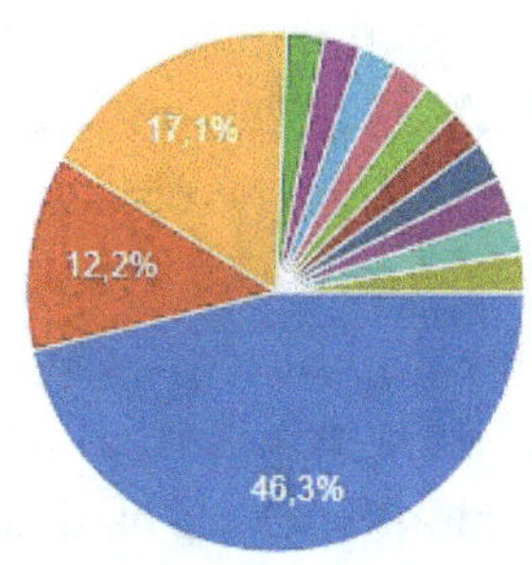

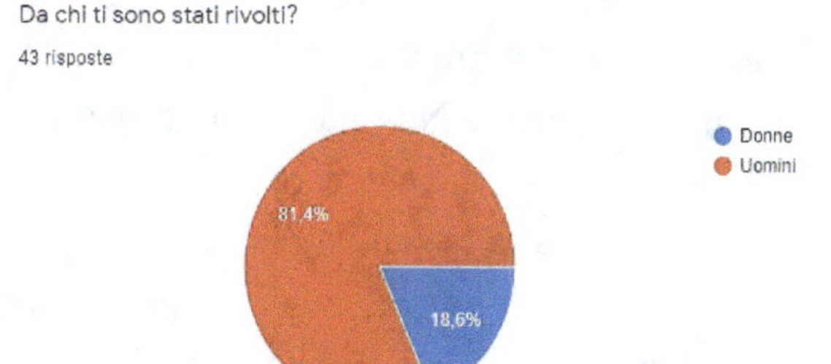

Il 53.5% degli intervistati ha dichiarato di aver ricevuto offese o commenti denigratori sul proprio aspetto fisico, a differenza del 46.5% che ha dichiarato invece di non aver subìto episodi di questo tipo.

La domanda immediatamente successiva, aperta, qui non riportata per motivi di difficile rendimento grafico delle risposte, ha chiesto a che età si fossero veriricati questi episodi. Le risposte sono state piuttosto variegate: sicuramente la fascia principale è risultata essere quella tra i 12 e i 20 anni, ma non è mancato chi ha parlato di età molto precoci (3 anni) e chi ha invece sottolineato il perdurare delle offese fino all'età adulta (oltre i 50 anni), sottolineando la quotidianità degli episodi.

Il 46.3% ha individuato nel proprio peso il bersaglio principale dello scherno; il 17.1% nella muscolatura e il 12.2% nell'altezza. Non sono mancate, però, segnalazioni su parti del corpo probabilmente poco prese in considerazione: i peli, ad esempio, ma anche i piedi, il naso, le dimensioni della testa, i denti. Diversi, inoltre, sono stati i riferimenti alle dimensioni del pene, su cui più di un interpellato ha detto di aver subìto atti di derisione: "La funzione principale di fare battute sulle dimensioni del pene è di attaccare la virilità di quella persona. E questo probabilmente è ciò che permette alle donne di essere escluse da uno shaming del genere. Nessun uomo e nessuna donna si sognerebbe (giustamente) di intaccare la femminilità di una persona solo per come è fatta la sua vagina. Questo però sembra non essere possibile nei confronti degli uomini. Anzi per gli uomini (e per alcune donne) le dimensioni del pene diventano qualcosa di intrinsecamente vergognoso e da ridicolizzare se non soddisfano un certo standard. Perché più grande è il pene, più aggressivo e potente (e quindi virile) sarà quella persona. E per questo si fa dick shaming."[74]

Un altro dato ci pare piuttosto interessante: tra coloro che hanno dichiarato di aver subìto atti di denigrazione della propria fisicità, l'81.4% ha detto di averli subìti da uomini, contro il 18.6% che ha visto nelle donne l'aggressore.

---

[74]Onorato R., *Dick shaming: far vergognare una persona per le dimensioni del proprio pene è una forma di body shaming*, 2020, www.guyoverboard.com, visionato in data 22/10/2021

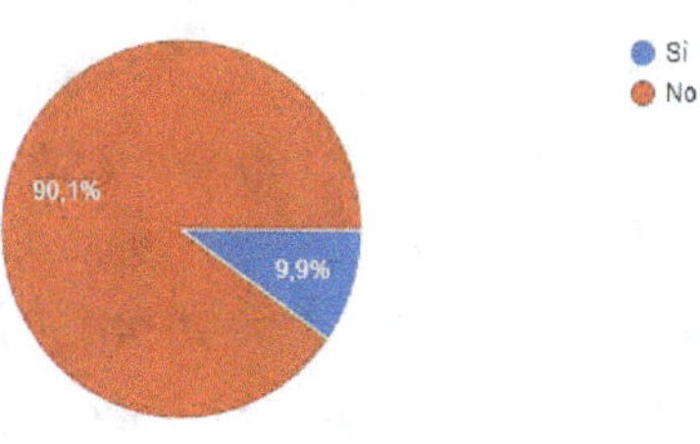

Lo scopo di questa domanda era quello di sollevare una questione piuttosto paradossale, inerente l'ambito medico e sanitario. Nello specifico, non sono pochi i casi riportati (soprattutto su articoli in rete) di persone che si sono scontrate con atti di body shaming e di grassofobia durante incontri con medici o professionisti della salute. Nello specifico, sembrerebbe essere proprio il peso l'ostacolo maggiore: "Quando sono i professionisti della salute ad avere un pregiudizio riguardo al peso, le conseguenze sono duplici. In primo luogo, le persone grasse che si rivolgono ad essi per un problema di salute rischiano di ricevere solo generici consigli sul perdere peso, senza una vera diagnosi o per lo meno un quesito diagnostico. Inoltre, accade anche che, per timore di ricevere questo trattamento e subire l'ennesima discriminazione quotidiana, le persone grasse evitino o rimandino accertamenti sanitari, pur in presenza di problematiche serie."[75]

Nel nostro caso, il 90.1% ha dichiarato di non essersi mai

---

[75]Ferrari L., *La Fat Liberation ci rende professionisti sanitari migliori,* 2020, www.laraferraripsicoterapeuta.it, visionato in data 22/10/2021

sentito offeso, sul piano estetico, da un professionista al quale si era rivolto, contro il 9.9% che ha invece espresso la considerazione opposta. A tal proposito, riportiamo quanto scritto da un intervistato; ci pare riassumere al meglio il fenomeno appena esaminato: *"Fortunatamente non mi devo rivolgere spesso ai medici. Tuttavia, spesso, anche se il problema specifico era altro, devo sentirmi ripetere la mia mancanza di attenzione rispetto al peso come se volessero stimolare il mio senso di colpa. Invece, il mio nuovo medico di base ha affrontato il tema ma con rispetto e delicatezza."*

Pare superfluo sottolineare come – dal punto di vista puramente educativo – il senso di colpa abbia uno scarso potere trasformativo e più che incentivare la persona alla riflessione, la chiude in un recinto di immobilità colpevolizzante dalla quale è difficile uscire, con il rischio di creare un pericoloso circolo vizioso nocivo sia dal punto di vista fisico che psicologico.

Sfortunatamente, la possibilità offerta dalla domanda libera di raccontare episodi di body shaming è stata raccolta da un numero esiguo di persone. Ciò non toglie che siano comunque emersi racconti preziosi e sofferti dai quali si evincono anche alcune modalità di scherno: *"Mi sento di raccontare dei tanti video di sfottò che mi sono stati girati durante il triennio del liceo, dai miei compagni di classe che vivevano in quartieri dormitorio (di Roma sud) intorno alla scuola, e che nelle loro uscite in zona a bere e fumare erba per noia li guardavano [...]"*

Qualcuno lamenta il dispiacere provato di fronte ad alcune frasi dette magari con leggerezza: *"Quando perdiamo un po' di peso?"* o il fatto di esser stato preso in giro per la mancanza di prestanza fisica durante le ore scolastiche, per gli occhiali, per l'eccessiva magrezza: *"Mi hanno soprannominato 'gruccia'."* Le offese fatte in gruppo, come ogni azione di bullismo, assumono connotazioni di spettacolarizzazione di elementi fisici ritenuti distanti dallo standard: *"Ricordo che alcuni ragazzi mi accerchiavano e ridevano ad alta voce evidenziando il fatto che avessi una testa enorme, che sembrassi un alieno."*

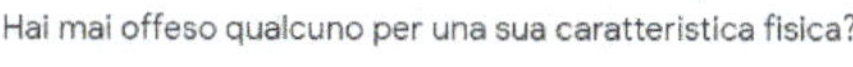

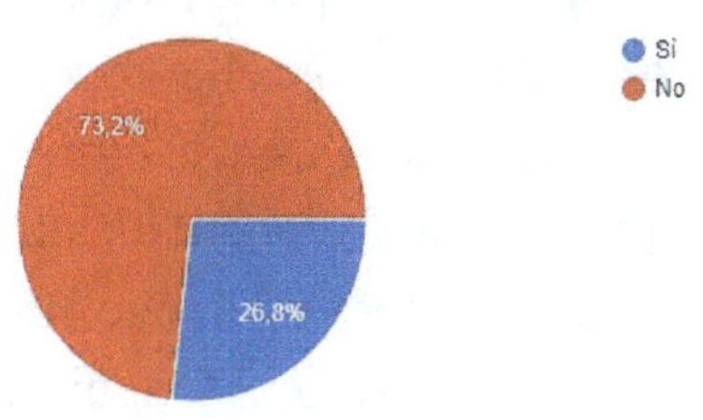

Il 73.2% degli interpellati ha affermato di non aver mai offeso qualcuno per una caratteristica fisica, al contrario del 26.8% che ha invece detto di averlo fatto. Tra loro, nella domanda aperta successiva, la quasi totalità ha detto di aver denigrato soprattutto il peso e l'altezza ma anche l'assenza di capelli e le proporzioni del corpo o del viso.

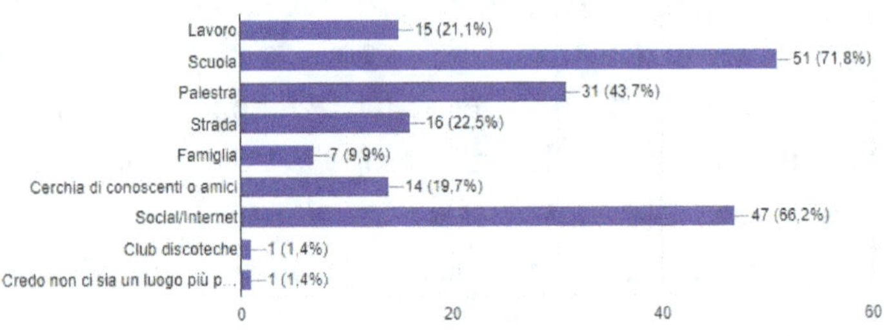

Il grafico proposto è piuttosto esplicativo. Si è cercato di indagare quali fossero, nell'ideale o nella concreta esperienza vissuta, i luoghi che si ritenessero essere più predisposti alla ghettizzazione di corpi non conformi all'ideale standard. La domanda permetteva di aggiungere un luogo non menzionato (come si può notare non si parla solo di luoghi fisici) e di dare più di una risposta. Svettano la scuola e il mondo digitale: la prima viene indicata dal 71.8% mentre i social e internet in generale dal 66.2%. A seguire la palestra con il 43.7%, la strada con il 22.5%, il lavoro con il 21.1%, la cerchia di conoscenti e amici con il 19.7% e la famiglia con il 9.9%. Una persona ha indicato il mondo dei club e delle discoteche, un'altra ancora ha invece dichiarato che a suo dire non esistono luoghi più predisposti di altri perché dipende molto dalla contingenza.

Avremo modo di approfondire, nella parte successiva, il mondo della scuola e quello dei social network; ad ogni modo, ci pare già un suggerimento sufficiente sui luoghi dove l'intervento di sensibilizzazione e formazione sarebbe da pianificare opportunamente, inserito magari in un contesto consulenziale più vasto.

Si è pensato anche di chiedere, attraverso una domanda aperta, quale fosse l'immagine associata al fenomeno del body shaming, per cogliere in maniera più approfondita l'immaginario degli intervistati.

Ne è emerso un mosaico preziosissimo: la maggior parte dei partecipanti ha indicato (seppur con personali sfumature) immagini di corpi grassi derisi e offesi da persone magre; altri hanno menzionato *"Le taglie falsate di alcuni brand"*, altri quelle di corpi magri, anoressici; altri ancora hanno chiamato in causa immagini di bullismo, prevaricazione, violenza. Menzioniamo però un pensiero importante di un altro intervistato che restituisce un'immagine sociale piuttosto diffusa – come ampiamente detto: *"Al netto di quelle che possono essere le offese dirette, direi un generale senso di svalutazione, per cui chi è grasso non viene preso in considerazione e valutato con lo stesso metro con cui vengono valutati gli altri."*

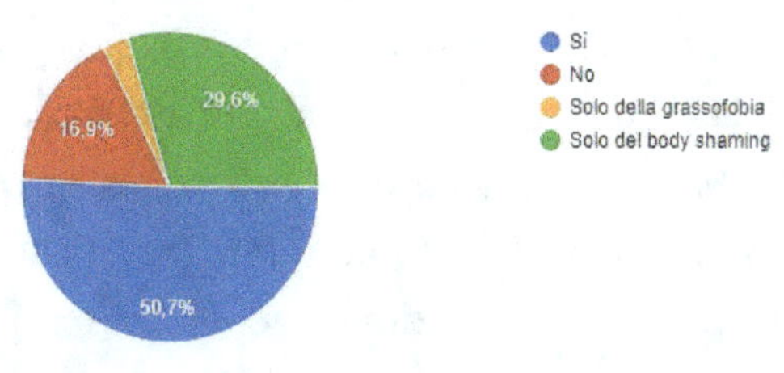

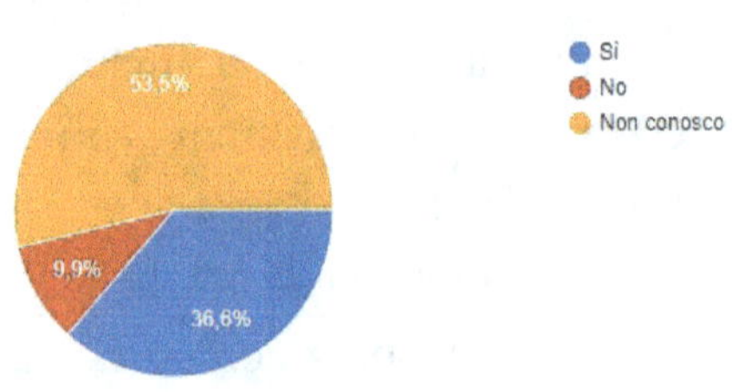

I due grafici proposti ci consegnano un compito piuttosto importante.

Cominciamo dal dato positivo: il 50.7% degli interpellati aveva già sentito parlare dei fenomeni del body shaming e della grassofobia prima di partecipare al questionario. Il 29.6%, però, aveva avuto modo di conoscere solo il body shaming e il 2.8% solo la grassofobia. Il 16.9%, tuttavia, ha affermato di non aver mai incontrato sul proprio cammino le due tematiche prima di avere a che fare con le domande proposte. Il 49.3%, dunque, non era a conoscenza dei fenomeni o ne era a conoscenza solo in modo parziale. A ciò si aggiunga anche quanto emerso in merito alla conoscenza dei movimenti di contrasto ai fenomeni, come la body positive e la fat acceptance. Il 36.6% li conosce e crede che possano essere utili ed efficaci, il 9.9% li conosce ma non riconosce loro alcuna utilità; il 53.5% non ne è affatto a conoscenza.

Si dovrebbe aprire un dibattito non indifferente su quanto si sia in grado di porre all'attenzione generale fenomeni sociali. Parlare di un argomento, sviscerarlo, trattarne i confini, tratteggiarlo, permette l'ottenimento di un duplice vantaggio: in primis, banalmente, ciò di cui si discute non si dimentica. È molto facile che alcune problematiche, quelle più silenziose, più insidiose, meno roboanti cadano nel dimenticatoio e lì vi muoiano nella sostanziale indifferenza generale; parlare di un fenomeno nelle sedi opportune, costruendo percorsi di sensibilizzazione e di conoscenza approfondita delle dinamiche in gioco, permette di non lasciare da sole tutte le persone che quel problema lo vivono. In secondo luogo, il dialogo permette di diffondere e al tempo stesso di ragionare, unendo le forze di diversi professionisti – ad esempio – o cercando alleanze tra più parti sociali capaci di prendere a cuore quantomeno il tentativo di risoluzione o di arginamento di un problema.

Probabilmente non si è fatto abbastanza perché la tematica venisse conosciuta a livello più capillare; da questa considerazione occorre indagare le motivazioni e capire come proseguire.

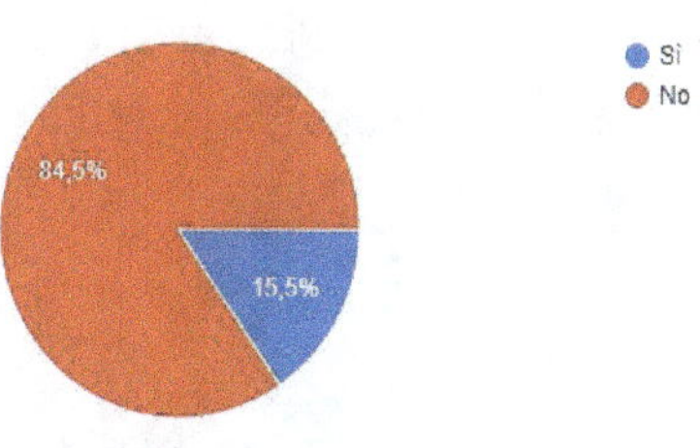

Il dato emerso da questa domanda è piuttosto significativo ed eloquente. Per l'84.5% degli interpellati, si parla troppo poco dei fenomeni in oggetto se riferiti al mondo maschile. La questione è approfondita adeguatamente sia nella prima parte di questo lavoro che nella terza.

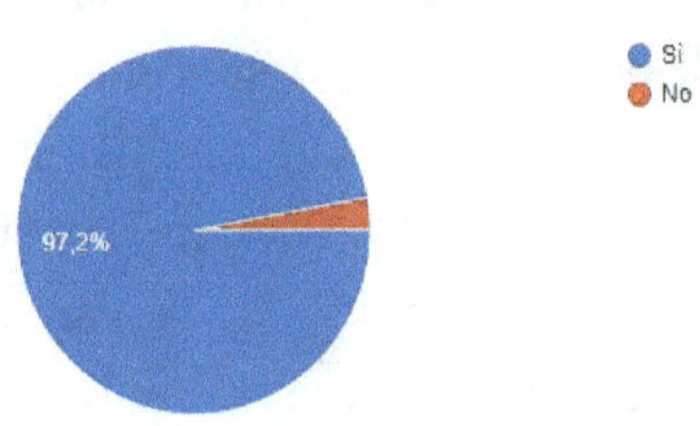

Concludendo, ci pareva beneaugurante proporre la visione degli interpellati sull'utilità dell'educazione all'affettività e all'empatia: il 97.2% ritiene che possano svolgere un efficace ruolo di contrasto al fenomeno.

Preme ricordare che le risposte date alle domande aperte sono state utilizzate in questa parte del lavoro e – con ancor più forza – nella parte che segue, inserite nel tessuto della trattazione. Si è cercato di dare loro la massima valorizzazione possibile, consci dell'impossibilità della loro totale rappresentazione.

Parte 3

16

Un problema educativo

"In che cosa consiste l'oggetto della scienza dell'educazione? La risposta più semplice è: nell'educazione. Ma questa risposta è ancora troppo imprecisa e quindi solo provvisoria. Nella scala dell'universo i fenomeni legati all'educazione appartengono ai fenomeni esistenti più ricchi di presupposti, cioè alle azioni degli uomini e precisamente a quelle indirizzate ai suoi simili. […] Gli atti (o azioni) educativi formano una categoria di atti sociali. Si differenziano dalle altre attività sociali per il loro fine. Sono atti attraverso i quali l'uomo cerca in ogni modo di migliorare durevolmente l'insieme delle disposizioni psichiche di altri uomini o di mantenere quelle componenti che considera pregevoli oppure di impedire l'insorgere di disposizioni che considera negative. Questi atti o sistemi di atti appartengono al mondo reale. Gli atti educativi sono realtà."[76]
Ci pareva quasi un passaggio obbligato quello di rispolverare, seppur brevemente, in cosa consistano effettivamente l'atto educativo e l'oggetto delle scienze dell'educazione, onde evitare di continuare a perpetuare una pericolosa china mai del tutto sdradicata e sulla quale già Dewey si era soffermato,

---

[76]Brezinka W., *Obiettivi e limiti dell'educazione,* Roma, Armando Editore, 2002, p. 15

rimanendo probabilmente inascoltato per alcuni versi: "L'obiezione che si muove alla scienza da tavolino non è relativa al fatto che la riflessione viene svolta fra quattro pareti. Una certa dose di elaborazione di idee, svolta tranquillamente nella mente, è altrettanto necessaria [...] L'obiezione è riferita invece al fatto che questa elaborazione intellettuale si svolge lontana e separata dalla fonte originaria [...]"[77]
Possiamo, in tutta sincerità e con la massima onestà intellettuale, assolvere la pedagogia e le scienze dell'educazione da una mancata attenzione a fenomeni come il body shaming e la grassofobia? Se, come detto e come crediamo, l'atto educativo è reale perché si svolge nella realtà ed ha come finalità una trasformazione, è possibile che in alcuni luoghi del reale l'occhio educativo abbia mancato di cogliere la necessità del proprio intervento, rifugiandosi in torri d'avorio e preferendo i tavolini? Le discipline educative hanno il compito di rimanere con i piedi ben saldi per terra e con lo sguardo rivolto ai panorami futuri: senza futuro non vi è cambiamento e senza il terreno manca il legame con lo status quo; questa disattenzione nei confronti delle tematiche trattate fino a questo momento è dunque figlia di una semplice svista accademica o è il sintomo che per alcune problematiche si sia persa l'urgenza della risposta pedagogica? Eppure, risulta di primaria importanza la convinzione – per ogni professionista di questo campo – che "L'intervento educativo si compone intrinsecamente della volontà di promuovere la libertà

---

[77]Dewey J., *Le fonti di una scienza dell'educazione,* Napoli, Fridericiana Editrice Universitaria, 2017, p. 24

dell'altro, anche se la libertà è un elemento problematico e non definitivo. Si tratta di un concetto fondamentale: diversamente, non si dà educazione [...]"[78]

Possiamo affermare con convinzione, dunque, che in quanto inseriti nel tessuto sociale e riguardanti la società stessa e le dinamiche tra esseri umani, gli atti di body shaming e di grassofobia siano un problema educativo.

Con questa definizione intendiamo affermare sia – da un lato – che si tratti di due fenomeni che riguardano da vicino l'educazione dell'individuo in quanto componente della società, sia – dall'altro – che si tratti di qualcosa che l'educazione non può ignorare e di cui non si può non occupare.

Se diamo per valida l'affermazione che: "Il fallimento dell'educazione è dovuto alla incapacità di formulare in maniera chiara ed inequivocabile gli obiettivi."[79] allora risulta chiaramente opportuna la necessità di aumentare la capacità di comprendere fenomeni estranei al ragionamento educativo fin qui sviluppato per pianificare progettualità che inseguano panorami nuovi, nei quali siano inclusi i bisogni di ognuno.

D'altra parte, paradossalmente, la percezione di molti degli intervistati è che la compagine educativa possa essere molto efficace, con i suoi strumenti e la sua visione, nella predisposizione di un progetto nuovo: *"Parlare delle cose*

---

[78](a cura di) Fardin De Zan A., *Educazione alla cittadinanza come evoluzione del territorio. Modelli educativi europei a confronto,* Milano, Franco Angeli, 2012, p. 10

[79]Aleandri G., *Formazione e dinamiche sociali. La diffusione delle tecnologie per lo sviluppo della qualità,* Roma, Armando Editore, 2001, p. 149

(tutte) in sedi educative pone il livello della discussione e del ragionamento ad un livello diverso e più alto rispetto ad altre che possono essere frequentate (sport, strada, bar, casa) durante le fasi dell'educazione obbligatoria. Tanto più con un esperto."

L'esperto citato, seppur non specificato, pensiamo possa essere l'educatore così come il pedagogista, nei rispettivi livelli di competenza. Come non sentirsi tirati in ballo, dunque, se vi è una fiducia palpabile nell'azione trasformativa che la pratica educativa può attivare?

Qualcuno ha sottolineato qualcosa di altrettanto importante: *"Con l'educazione, a lungo andare, si può migliorare la situazione."* Questa affermazione ci dà l'idea che il percorso sia lungo e laborioso, dunque non più rinviabile a tempi più adatti che rischiamo non si verifichino mai.

Se – come abbiamo detto in precedenza – il centro propulsivo di un contrasto deciso ai fenomeni di grassofobia e body shaming può essere quello educativo, rimane da chiarire come si possa concretamente immaginare la cassetta degli attrezzi utili a procedere verso questo obiettivo.

L'intento è quello di individuare gli strumenti, le armi – per così dire – a nostra disposizione per immaginare di immergere finalmente le mani dei professionisti dell'educazione in problematiche quotidiane che agiscono e incidono sulla qualità della vita degli abitanti della società e, quindi, del mondo, senza mai dimenticare che: "Rilevare un bisogno educativo e accoglierlo come fatto (cioè come azione concreta) significa porre un punto di partenza di vita e di lavoro, elemento trasformativo per modificare la realtà, avviare un percorso attivo per la coscienza personale e collettiva."[80]

[80]Pappalardo M., Monaco G., *La pedagogia del quotidiano,* Torino, Effatà Editrice, 2008, p. 25

17

Emozioni, stati d'animo e sentimenti: l'incontro con l'altro

"L'accettazione degli altri prolunga e perfeziona l'accettazione di sé. Il sé, costruito e definito dopo aver abbandonato le proprie paure e le relative difese è predisposto e pronto per l'accettazione dell'altro. La persona – liberata dalle fantasie di dover rendere conto all'altro, liberata dalla paura delle critiche insopportabili e dal timore delle offese, o dalla delusione per il consenso non ottenuto – è pronta per 'far posto' all'altro dentro di sé."[81]

Avere a che fare con gli altri è sempre una scommessa e, come ogni scommessa che si rispetti, non possiamo sapere se e in che termini si andrà incontro ad una sconfitta o ad una vittoria. L'uomo, in quanto animale sociale, vive gran parte della sua esistenza incontrandosi e scontrandosi con l'alterità: dal vicino di casa al professore universitario, dai genitori al cassiere del supermercato, dal primo all'ultimo amore, ogni incontro con l'altro lascia un segno – di intensità diverse – dentro di noi. Si può scegliere, nel corso dell'esistenza, di essere più o meno presenti sulla scena sociale, di prediligere o meno la vita

---

[81]Montuschi F., *Gli equilibri dell'amore. Cura di sé e identità personale*, Bologna, Edizioni Dehoniane Bologna, 2015, p. 28

mondana, ma è pressoché impossibile che si riesca ad evitare di incontrare altre persone nel dipanarsi dei propri giorni. L'incontro con l'altro ha certamente una valenza educativa e pedagogica importante ai fini del discorso che stiamo trattando in questa sede: negli atti di body shaming e grassofobia l'altro diventa il bersaglio, il nemico, l'anomalia da correggere, qualcosa di totalmente estraneo all'Io che diviene – quindi – un Io giudicante.

Come sottolineato più volte, il dileggio nasce dalla supposizione di essere migliori, di possedere caratteristiche fisiche più aderenti alla norma sociale, di potersi innalzare su cattedre per lezioni che nessuno ha intenzione di frequentare ma che vengono erogate lo stesso con la forza della superbia di credersi nel vero.

Il primo passo necessario, dunque, è quello di provare con intensità a smontare la convinzione che l'incontro con l'altro equivalga all'obbligo di normalizzare ciò che al nostro sguardo stona, ciò che risuona come dissonante dalla nostra idea di mondo. Un discorso, questo, che vale per i professionisti in prima persona, naturalmente, e che può essere esteso in ogni direzione: "L'educazione all'altro (come movimento 'verso' qualcuno) è sempre autoeducazione: il processo profondo dell'educazione non riguarda solo l'educando ma anche l'educatore che, se vuole crescere sia come persona sia come professionista, deve assumersi il rischio educativo per l'altro ma anche per sé."[82]

---

[82]Mazzi A., Mazza C., Frezza E., *Educatori senza frontiere. Diari di esperienze erranti,* Trento, Edizioni Centro Studi Erickson, 2015, p. 9

L'educatore consapevole degli occhiali che indossa per osservare il mondo, sarà l'educatore in grado di suggerire all'educando che si tratta, appunto, solo di occhiali e che ognuno ne possiede un paio diverso con il quale cerca di osservare al meglio la realtà e di renderla più familiare. Svelare il gioco perverso delle rappresentazioni sociali – dopo aver introiettato il discorso a livello personale e professionale – significa cominciare a smontare lentamente la convinzione che guida l'atto offensivo verso la corporeità altrui, significa cominciare a far perdere di senso la supposta convinzione di possedere le giuste misure per avanzare nelle strade della società.

"Ecco dunque che il senso del mondo e delle sue oggettualità si costituisce a partire dagli atti intenzionali della coscienza (vissuti), fino a definirsi, nel suo insieme, nella costruzione/costituzione di una personale visione del mondo: una sorta di griglia interpretativa – mai definita e immutabile – attraverso cui entrare in relazione col mondo."[83]

Risulta di primaria importanza la consapevolezza della costruzione e dell'utilizzo che ognuno di noi fa della propria personalissima visione del mondo: attraverso di lei noi ci poniamo domande, supportiamo una causa, scegliamo ciò che sembra giusto e rifiutiamo ciò che ci appare sbagliato. La visione del mondo è propria di ognuno ed è per ciascuno diversa: ecco perché, cominciando a parlarne, togliendo il velo che la ricopre, mettendo sul tavolo la sua esistenza e i tanti

---

[83] (a cura di) Pagano G., Sabatano F., *Oltre il disagio. Il lavoro educativo tra scuola, famiglia ed esperienze di comunità*, Milano, Guerini, 2020, p. 49

modi attraverso cui condiziona il nostro agire quotidiano, appare possibile cominciare a scardinare la convinzione che guida l'atto offensivo: quella, in sostanza, di star percorrendo una strada più giusta rispetto a quella della vittima.

Inoltre, e su questo torneremo in maniera approfondita nelle pagine successive, svelare l'esistenza di una visione del mondo assolutamente di parte ci consente di spostare l'attenzione non solo sulla visione del mondo altrui, ma anche sui sentimenti che muovono quella visione e che la abitano. Incontrare l'altro non significa solamente incontrarne il corpo e la visione del mondo ma anche e forse soprattutto le altrui speranze, i sogni, le emozioni, gli stati d'animo, le sconfitte, i timori e gli slanci di una esistenza intera.

"La conoscenza porta all'accettazione dell'altro", riporta qualcuno nel questionario e ci pare doveroso sottolineare la forza trasformativa di questo assunto, ma è chiaro che come ogni suggerimento educativo anche quello di provare a scardinare l'idea di un'unica visione del mondo giusta e sana porti con se una difficoltà di fondo, comune a chiunque quando si tratta di abbandonare un terreno solido verso uno decisamente più complesso da attraversare: "È importante mettersi in discussione? Mettersi in discussione fa crescere? Sebbene tutte affermino con convinzione la necessità di mettersi in discussione per poter crescere umanamente e professionalmente [...] mi accorgo che il tema è affrontato in modo superficiale. Non c'è dialogo. Solo verso la fine qualcuna dice che, in fondo, mettersi in discussione non è poi così facile e che esistono molte difese a riguardo, di cui non sempre si è consapevoli."[84]

[84]Striano M., *Quando il pensiero si racconta,* Milano, Booklet News, 1999,
    pp. 28 - 29

18

Educare all'empatia

Sempre più frequentemente – e per la verità da diversi anni a questa parte – si sente parlare di empatia. 'Bisognerebbe essere più empatici!' 'Ci vorrebbe più empatia!' 'Perché non provi a metterti nei miei panni?' Si invoca l'empatia, la si è identificata come la panacea di tutti i mali. Dal suggerimento all'atto pratico, però, c'è sempre un viaggio incredibilmente lungo e tortuoso da fare e forse di questa traversata si parla un pochino meno.

"Come si faccia a empatizzare, se ci si riesce, è però un altro paio di maniche e cominciano i problemi. È un'operazione mentale o corporea? Consapevole o inconsapevole? Intenzionale o involontaria? Diretta o indiretta? Razionale o istintiva? Logica o emotiva? Innata, ereditata o acquisita? È un talento, un dono, o un'abilità che si può apprendere e potenziare? È un diritto, un dovere, un piacere? E quegli 'altri' con cui, se ne siamo capaci, empatizziamo, mettendoci nei loro panni: chi sono? Altri come noi, esseri umani dunque, in generale? O si empatizza preferibilmente con consaguinei? Con persone del nostro stesso sesso? Della nostra stessa età?"[85]

---

[85]Pinotti A., *Empatia. Storia di un'idea da Platone al postumano,* Bari, Editori Laterza, 2014, p. 1

Quando abbiamo cominciato a parlare dell'incontro con l'altro e della visione del mondo che caratterizza lo sguardo di ogni singola persona, abbiamo anche parlato di tutto quello che abita quella visione; in una concezione, in un pensiero, in una lettura della realtà c'è tutto: ciò che è arrivato in eredità dalla famiglia, le esperienze che abbiamo fatto, le rappresentazioni sociali delle persone a noi vicine, la nostra originale predisposizione verso il mondo. È logico – e sarebbe pericoloso se così non fosse – incappare in un altro che non ci convince: idee divergenti, ideologie opposte alle nostre, culture estranee, diversi modi di intendere la vita, il corpo, la religione, la sessualità. È logico ed è, naturalmente, molto frequente. Ciò che l'educazione può fare – comprendendo perfettamente che eliminare le titubanze e le paure provocate dall'incontro con l'alterità equivarrebbe a togliere una componente dell'essere umano in quanto tale – è provare a costruire una diversa idea di scontro, sviscerando le enormi possibilità che esistono dietro questo avvenimento e mostrando come il mettersi nei panni dell'altro non equivalga assolutamente all'andare contro la propria natura.

"Se una prima considerazione di tipo superficiale ci potrebbe portare a considerare le parole *scontro, confronto, relazione* e *comunicazione* molto lontane tra loro, le prime come sinonimo di cose brutte e spiacevoli (come i conflitti), le seconde riconducibili ad un qualcosa di più bello (un incontro tra due o più persone), in realtà tutte queste parole sono assolutamente similari e indicano l'entrare in relazione con l'altro, poco importa se con idee, considerazioni o posizioni diverse."[86]

La convinzione forse più diffusa è che accogliere l'altro equivalga ad annullare la propria essenza, rinunciando a tenere il punto su ciò che si ritiene importante. Banalmente, però, l'esistenza di una corporeità diversa dalla nostra non tange la nostra convinzione di salute, la sessualità di una persona – per quanto discordante dalla nostra – non inficia il nostro modo di viverla, e via discorrendo. Dietro l'altra persona vi sono dei sentimenti, delle fragilità, delle paure che sono le nostre fragilità, i nostri sentimenti, le nostre paure. È vero che ognuno di noi attraversa la vita con episodi diversi, ma è anche vero che se riuscissimo a superare il bisogno di imporre il nostro modo di vedere le cose, scopriremmo che quasi sempre i punti in comune sono di più di quelli che ci tengono lontani. Ad ogni modo, se così non fosse, il compito dell'educazione è quello di trasmettere l'importanza della valorizzazione della diversità: di pensiero, corporea, di azione. I sentimenti dell'altro sono e rimangono dell'altro, ma la chiave empatica può riuscire a farci fare un passo in avanti non di poco conto: "L'empatia […] non è un sentimento, ma un atteggiamento mentale razionale, in virtù del quale possiamo individuare gli schemi di riferimento dei nostri interlocutori, per coglierne pensieri, sentimenti, bisogni ed esigenze."[87]

La cornice pedagogica deve prevedere lo scontro con l'altro ma deve al contempo trasmettere un messaggio rassicurante e

---

[86]Bonafede F., Soprani M., *Empatico sarà lei! Per la mediazione dei conflitti e l'educazione alle relazioni,* Torino, Effatà Editrice, 2010, p. 9

[87]Nenzioni F., *L'arte dello scrivere efficace. Come esprimere idee, sentimenti ed emozioni predisponendo positivamente gli altri nei nostri confronti,* Milano, Franco Angeli, 2000, p. 16

insieme capace di portare alla riflessione: non vi è pensiero o concezione che sia superiore perché l'altro non è un nemico e non va condotto ad una norma da noi supposta come essenziale al buon andamento della vita o dalla società caldeggiata come l'unica possibile. Dietro il corpo dell'altro vi sono emozioni che dobbiamo trattare con la delicatezza che si deve avere nei confronti di tutte le emozioni, provando ad usare l'empatia come strumento per riuscire a *sentire* l'altro senza pensare di venire in qualche modo colonizzati da stili di vita non aderenti al nostro.

Dalle risposte raccolte con il questionario, emerge anche dagli intervistati una generale fiducia nell'empatia come possibile strumento di contrasto ai fenomeni di body shaming e grassofobia: *"Penso che educare le persone ad immedesimarsi nel prossimo possa essere utile per imparare a non giudicare solo dall'aspetto fisico"* e ancora: *"L'empatia soprattutto porta a essere maggiormente consapevoli delle emozioni altrui e quindi a capire se stiamo dicendo qualcosa che ferisce."*

Ci sembra interessante quanto menzionato: l'azione del ferire è sdoganata. Si ferisce in politica, si ferisce nella vita privata, si ferisce professionalmente, si ferisce per strada: l'altro (e quindi noi stessi) è costantemente sottoposto ad un fuoco incrociato di ferite che, solo apparentemente, sembrano non destare nemmeno più la nostra preoccupazione. Ecco perché, per alcuni, l'atto di dileggio o di scherno assumono i contorni di una *bravata:* perché risulta impossibile, ormai, far risaltare un gesto dannoso nel marasma di quelli che attraversano le giornate di ognuno di noi. Accanto a questo fenomeno di malessere diffuso, si associa la sensazione di una mancata protezione; ci sembra di ricevere continuamente ingiustizie: "L'uomo moderno vuole assolutamente che gli sia resa giustizia in tutti i campi, ivi compresa la sua vita privata: il che apre una grande carriera ai giudici e agli avvocati. Ma egli vorrebbe assolutamente, alla stessa maniera, che la sua sicurezza fosse garantita nei dettagli della sua esistenza quotidiana: il che apre la via, questa volta, all'onnipresenza dei poliziotti."[88]

Può sembrare distante, questo affondo, dalla problematica che stiamo trattando in questa sede ma non è così dal momento che alcuni intervistati hanno delegato alla punizione il compito di rispondere ai fenomeni del body shaming e della grassofobia: *"Penso che denunciare chi fa body shaming e punirlo con pene severe possa contrastare seriamente il fenomeno! Sino a quando rimarrà solo un insulto non penso si possa risolvere."* Qualcuno, addirittura, alla domanda su quali strumenti ritenga possano essere utilizzati per contrastare il fenomeno, ha risposto: *"Mortificazione"*.

Ci sarebbe da discutere molto a lungo su quali scenari possa realmente aprire un agire punitivo; dal punto di vista pedagogico ed educativo, la punizione lascia spesso immutate le tensioni che pretende di correggere e, d'altra parte, come rispondere alla normalizzazione dell'atto di body shaming con la correzione di una punizione? Le carte si equivalgono e l'effetto a lungo andare sarebbe devastante.

La proposta educativa può, invece, fornire una strada alternativa: l'agire empatico ha davvero il potere di ridurre la

---

[88]Castel R., *L'insicurezza sociale. Che significa essere protetti?*, Torino, Giulio Einaudi Editore, 2004, p. 15

capacità che sembriamo aver sviluppato (e che gode di una premialità sociale non indifferente) di pensare unicamente al nostro orto, curando piante bellissime senza il timore di calpestare malamente quelle altrui.

Le strade educative, a nostro dire, devono prevedere bellezza anche (e soprattutto) in risposta a ciò che bello non è; ciò non vuol dire, naturalmente, ignorare le ferite inferte e sminuire la sensazione di malessere che vive quotidianamente chi è vittima della censura altrui.

19

Mai dimenticarsi delle emozioni!

Seppur brevemente – a costo di risultare ridondanti – ci preme approfondire la tematica emotiva.

Abbiamo parlato di visioni del mondo, di immedesimazione, del tentativo che la compagine educativa potrebbe fare per incentivare competenze che spingano verso una maggiore apertura all'altro, verso una curiosità sana, verso il rispetto delle altrui posizioni e delle altrui convinzioni in ogni aspetto della vita quotidiana. Abbiamo anche detto di come questa visione del mondo sia abitata da sentimenti, sogni, credenze, speranze, delusioni, successi e sconfitte. Siamo la somma di quello che attraversiamo, in qualche modo, ma siamo anche quello su cui decidiamo di soffermare le nostre energie.

Può sembrare banale sottolineare l'importanza delle emozioni, in questo senso, giacché tutto è intriso di emozioni e anzi, da alcuni manuali di leadership le emozioni sembrano quasi bandite, al punto da chiedersi chi è che ne abbia così paura e per quale motivo; ma è proprio perché le emozioni permeano tutta l'esistenza, compresa quella di chi utilizza l'offesa per appagare momentaneamente la propria sete di normalizzazione, ed è proprio perché qualcuno delle emozioni sembra averne un timore quasi osceno, che l'atto educativo deve interrogarsi su come parlare di emozioni.

Dicevamo: tutti proviamo emozioni. Dal serial killer alla più bonaria delle nonnine, le emozioni attraversano le nostre vite nei momenti più disparati della nostra giornata. La persona vittima di body shaming e grassofobia prova delle emozioni così come la persona che utilizza lo scherno. Probabilmente, dunque, uno dei passi possibili può essere quello di concentrare le forze affinché il mondo delle emozioni venga maggiormente conosciuto, dal momento che si ha timore di ciò che non si conosce adeguatamente.

Certo, tutti proviamo emozioni ma non tutti proviamo le stesse; di fatto, però, è molto probabile che l'emozione altrui smuova qualcosa anche dentro di noi: "Per concludere, dobbiamo comunque ricordare che non tutte le volte che proviamo un'emozione essa ci è causata dal sapere di emozioni altrui, e reciprocamente, non tutte le volte che sappiamo di un'emozione di altri proviamo emozioni anche noi. Non vi è una relazione di causalità necessaria fra credenze su emozioni altrui e induzione di emozioni. Tuttavia, questa relazione è vera in molti casi: molto spesso, quando sappiamo di un'emozione altrui ne proviamo una anche noi."[89]

Ci pare una cosa di fondamentale importanza: se gli atti offensivi si moltplicano, così come gli episodi di violenza e di bullismo, è dunque forse un problema di lettura emotiva. Leggere le emozioni ha una direzione duplice: rivolta all'interno, se intendiamo la lettura delle emozioni che ci

---

[89](a cura di) Poggi I., *La mente del cuore. Le emozioni nel lavoro, nella scuola, nella vita,* Roma, Armando Editore, 2008, p. 59

attraversano e che guidano il nostro agire nel mondo, rivolta all'esterno se intendiamo la lettura delle emozioni che attraversano la persona che abbiamo di fronte. Se la lettura delle emozioni (come la lettura in generale) sembra essere qualcosa di poco valore, allora nessun atto offensivo avrà il peso adeguato per chi lo compie. Non si riuscirà a comprendere che offendere un corpo equivale a ferire emotivamente una persona, a generare in lei sentimenti negativi. E, ovviamente, se la lettura non avviene verso l'interno, non sapremo mai quali sentimenti negativi stiamo provando e cosa ci stia portando al desiderio di offendere l'altro.

"Insegnando al nostro piccolo a riconoscere e dare un nome alle emozioni lo aiutamo a leggere la realtà con più equilibrio e in modo positivo! Ma non solo, gli insegnamo anche a maturare una reazione emotiva adeguata allo stato interiore della persona che ha davanti."[90]

Si parla di bambini, naturalmente, e parleremo anche noi in seguito di quanto sia importante cominciare alcuni percorsi fin dalla tenera età, ma riteniamo possa essere un concetto molto trasversale. A qualunque età si può accedere a mondi nuovi che fino a quel momento non avevamo preso in considerazione: compito della pedagogia sarà quello di predisporre la giusta cornice (attraente nei contenuti anche per aziende e terzo settore) entro la quale sperimentare la conoscenza delle emozioni e sviluppare l'intelligenza emotiva.

"A cosa ci riferiamo allora quando parliamo di intelligenza

---

[90]Franco B., *Il linguaggio delle emozioni. 48 storie per sviluppare l'intelligenza emotiva,* Torino, Edizioni Gribaudo, 2020, p. 219

emotiva? È l'abilità di integrare il pensiero razionale, quello che pensiamo, con le emozioni, quello che proviamo, al fine di scegliere e decidere quello che per noi è più importante. In altre parole, quando parliamo di intelligenza emotiva ci riferiamo alla nostra capacità di riconoscere, distinguere, stare in contatto e gestire le emozioni."[91]

La conoscenza della gamma delle emozioni e l'abilità di riconoscere quelle che ci muovono e quelle che albergano nella persona che abbiamo di fronte, potenzia di fatto la possibilità di entrare empaticamente in contatto con l'altro senza tralasciare il nostro stato d'animo. Saper riflettere su cosa accade in noi quando veniamo feriti, può essere la chiave per cominciare ad interrogarsi su cosa provi l'altro quando viene offeso: "In modo più o meno intenzionale e più o meno inconsapevole offendiamo e veniamo offesi di continuo. La dinamica dell'offesa si estende a tutti gli ambiti dell'esistenza. Riguarda i rapporti di amicizia e di amore, l'ambiente professionale, le differenze sociali, le controversie sulla politica mondiale e il benessere personale. Ovunque emergano malintesi, contrasti, dolore, odio, violenza e divergenze, possiamo essere certi che dietro questi elementi si annidano conflitti irrisolti, che ostacolano il confronto costruttivo. [...] In cuor nostro siamo spinti dall'astio e dalla rabbia nei confronti dell'avversario, dall'intransigenza, dall'amarezza e dal rifiuto. Ci indigniamo all'idea che qualcuno abbia osato ferirci così profondamente. L'interlocutore non sa forse chi gli sta davanti?"[92]

---

[91]Cerbino C., *L'intelligenza emotiva: una competenza da sviluppare*, 2019, www.associatisds.com, visionato in data 11/10/2021
[92]Wardetzki B., *Pronto soccorso per l'anima offesa. Reagire agli affronti*

Conoscere il mondo emotivo può, dunque, essere un ulteriore deterrente utile a contrastare l'offesa come mezzo espressivo di volontà normalizzatrice.

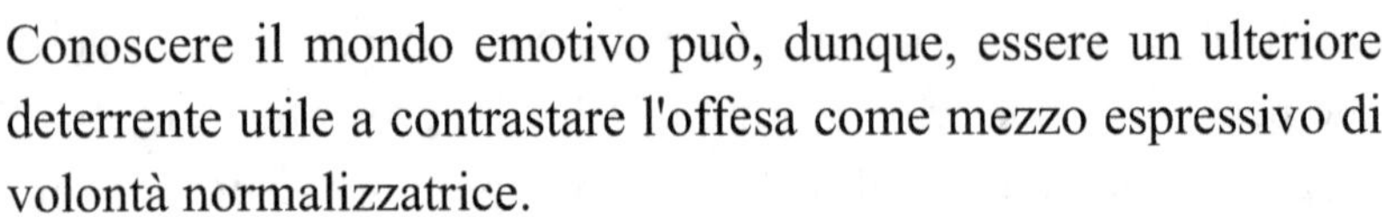

con filosofia e senza risentimenti, Milano, Edizioni Feltrinelli, 2016, pp. 1 - 2

20

Educazione e costruzione delle dinamiche di genere

"Il significato dei termini *sesso* e *genere* non è sovrapponibile. Il sesso corrisponde alle caratteristiche biologiche con cui si nasce (i genitali sono la prima e la più evidente di queste caratteristiche); il genere riguarda invece i ruoli e le responsabilità che vengono assegnati agli uomini e alle donne dai contesti culturali di riferimento (famiglie, colleghi, comunità, istituzioni), non predefiniti quindi dalla natura. […] I ruoli di genere possono essere così rigidamente radicati da essere considerati l'unico modo corretto di fare le cose [...]"[93]

Nella prima parte di questo lavoro ci siamo soffermati a lungo sulle costruzioni di genere, affrontando il problema e svelando la possibilità che il silenzio imperante dell'universo maschile in merito a tematiche come il body shaming o la grassofobia sia da attribuire anche all'immagine sociale dell'uomo. Le rappresentazioni sociali, le aspettative, hanno proprio il compito di fornire una sorta di linea guida da seguire per i due sessi: la donna può provare alcuni sentimenti, mostrare alcune caratteristiche, avere un certo tipo di fisico, ecc. L'uomo,

---

[93]Capasso A., *Stereotipi e ruoli di genere: facciamo chiarezza*, 2021, www.unobravo.com, visionato in data 11/10/2021

ovviamente, non sfugge al medesimo meccanismo: può provare solo certi sentimenti, vestire in un certo modo, offrire all'occhio sociale una certa fisicità e determinate caratteristiche corporee. Di fatto, gli stereotipi di genere sono la cristallizzazione delle aspettative sociali, gabbie dalle quali è quasi impossibile fuggire a meno che non si consideri l'idea di pagare il prezzo della ridicolizzazione: "Gli stereotipi di genere sono una zavorra che ci portiamo dietro fin dal momento in cui nasciamo: fiocco blu? È un maschietto! Fiocco rosa? È una femminuccia! Una banalità che però deciderà il resto della nostra vita. [...] Siamo così dentro una società che ci classifica, che ci indica come dobbiamo comportarci e vestirci in base al nostro genere, da non accorgerci di quanto ciò non abbia senso. [...] Non c'è da stupirsi di questi comportamenti, quando le basi sono sbagliate. Riprendiamo l'inizio: fiocco blu, maschio; fiocco rosa, femmina. A blu viene insegnato che non deve piangere, altrimenti sembrerà una femmina; a rosa viene insegnato che il pianto è liberatorio; a blu viene insegnato che la violenza per un maschio è uguale a virilità, ma per autodifesa; a rosa viene insegnato che le femmine non sono violente, ma delicate [...]"[94]

La questione è fondamentale: gli stereotipi di genere possono essere chiamati in causa per giustificare il silenzio dell'universo maschile sugli argomenti trattati? Se la letteratura, i programmi radiofonici, gli spettacoli teatrali, le pagine dei social, i movimenti di risposta al body shaming e alla grassofobia

---

[94]Avinotti S., *Stereotipi di genere: perché mettiamo dei limiti alla nostra identità?*, 2020, www.changethefuture.it, visionato in data 11/10/2021

vedono quasi sempre le donne in prima fila, è perché agli uomini il discorso interessa poco o perché, come noi crediamo e abbiamo già enunciato, qualcosa non funziona nella narrazione maschile?

"Le donne piangono più degli uomini ma non c'è alcuna ragione biologica che giustifichi questo: si tratta piuttosto del risultato di una imposizione sociale che ha portato i maschi a inibirsi. Lo dimostra uno studio pubblicato nel 2002 sul *British Journal of Developmental Psychology*. La ricerca condotta da Miranda Van Tilburg, Marielle Unterberg e Ad Vingerhoets ha stabilito che i maschi e le femmine piangono allo stesso modo fino al raggiungimento della pubertà, quando il pianto smette di essere socialmente accettato se sei di sesso maschile."[95]

Se spostiamo il discorso ad un livello educativo, l'educatore socio-pedagogico e il pedagogista possono fare molto – ognuno per quanto riguarda la propria professione – per spingere affinché il discorso possa subire un mutamento sostanziale.

A conferma di questa situazione, ci vengono in aiuto due particolari vissuti riportati nelle risposte al questionario proposto che sembrano indicarci la strada da seguire e, al contempo, sembrano corroborare l'idea che l'ambito educativo debba agire con forza e convinzione per cominciare a predisporre uno smantellamento dello status quo.

"Nel mondo maschile in cui sono cresciuto, essere sensibili è considerata una debolezza di cui prendersi gioco. Basterebbe insegnare l'intelligenza emotiva in famiglia e nelle scuole per

---

[95]Santangelo M., *La sensibilità oggi è un difetto. Per sconfiggere il machismo, dobbiamo fare pace con le emozioni*, 2020, www.thevision.com, visionato in data 11/10/2021

fare enormi passi avanti."

Continuare a considerare la sensibilità una debolezza sembra essere necessario – ammettiamolo – in un mondo (soprattutto quello del lavoro) che ci vuole orientati ad uno spietato controllo delle emozioni. Possiamo accettare, in quanto professionisti della relazione d'aiuto, che si continui a propagare l'idea dell'uomo privo di fragilità e di sensibilità e poi meravigliarci dei risvolti che questo modus operandi ha sul benessere di chi abita la società? Tra i suggerimenti fin qui proposti, dunque, prende il suo posto anche quello di cominciare seriamente ad occuparsi – a tutte le età – del mondo emotivo, cercando di iniziare un percorso capace di vincere, nel tempo, la convinzione che l'uomo – per essere tale – debba privarsi di un aspetto importante della quotidianità. Essere sensibili appare quasi come una condanna senza via di fuga, specialmente se sono gli uomini ad essere chiamati in causa: "I colori 'da maschio' e quelli 'da femmina', gli sport, i tipi di hobby, i gusti rispetto ai giochi, alla competizione, alla compagnia, alle attività. Tutto sembra seguire il bivio 'da femmina/da maschio': a causa di ciò, i bambini con una grande sensibilità spesso vengono fraintesi e presi in giro, incentivati a fare attività e sport 'più da maschio', ad essere più forti e competitivi, come una palestra di ruolo sociale."[96]

Ci pare molto interessante il riferimento alla "palestra di ruolo sociale": le rappresentazioni sociali sono così forti e invasive da presentarsi proprio come una vera e propria palestra, fatta di

---

[96]Lupo E., *Ecco perché coltivare la sensibilità maschile,* 2017, www.bambinonaturale.it, visionato in data 12/10/2021

determinati sport, determinati modi di comunicare, determinati sentimenti da incentivare, determinati modelli ai quali aspirare. Per il bambino prima e l'adolescente poi, quindi per l'adulto alla fine, resta (apparentemente) poca libertà di movimento; la compagine educativa può inserirsi in questo discorso presentando l'esistenza di una alternativa possibile al modo di essere uomo, di essere donna, di essere umano. Uno dei rischi è quello di colpevolizzare la sensibilità al punto da far sentire la persona *sbagliata* e quindi bisognosa, agli occhi degli altri, di un intervento capace di normalizzarla e di ricondurla ad una situazione socialmente accettata e accettabile: "Così, per molti anni, la sensazione di essere più fragile degli altri, strana e in qualche modo 'troppo difficile da gestire' ha convissuto dentro di me con la netta sensazione di vederci chiaro, di avere una capacità di percezione acuta e di avere un sacco di cose da esprimere e da dare. Con il risultato di una grande lotta interna. In questo modo, ho sviluppato due parti: una, adattata, che per essere accettata e non giudicata si è sforzata di essere forte, efficiente, capace e, purtroppo, si è indurita; e un'altra parte tenera e sensibile, dolcissima, sottopelle."[97]

La seconda testimonianza che qui riportiamo, riprende le tematiche della prima e ci offre un ulteriore spaccato di vita: *"Spesso non mostriamo il lato più fragile di noi stessi perché siamo uomini e l'uomo dev'essere forte e impenetrabile. Tuttavia siamo fragili anche noi ma nessuno ci ha mai insegnato ad accettare noi stessi e le nostre debolezze."*

---

[97]Travaini N., *Il dono delle persone sensibili. Guida pratica per fare dell'ipersensibilità il nostro centro di equilibrio,* Milano, Red! Edizioni, 2018, p. 10

Impossibile non soffermarsi sulla incredibile quantità di informazioni che l'intervistato ci dà e che interessano il nostro percorso in maniera incredibilmente significativa. Tanto per cominciare, appare molto evidente e interiorizzato il mandato sociale: l'uomo *deve* essere forte e impenetrabile. Un mandato che sposa perfettamente la mascolinità tossica di cui ci siamo occupati in precedenza: è sintomatico che venga usato il verbo *dovere* e che venga esplicitata l'impenetrabilità maschile, doverosa perché capace di mascherare emozioni altrimenti sanzionate dalle rappresentazioni sociali che pretendono un uomo efficiente, sicuro di sé, libero da ogni male possibile. Ma il male si annida nell'impenetrabilità molto più di quanto si annidi nella sensazione di sentirsi fragili. Accanto alla forza e all'impenetrabilità maschile, l'intervistato ci offre un altro importante spunto di riflessione quando tira in ballo – ed è qui che forse il mondo educativo è maggiormente chiamato in causa – l'insegnamento: la fragilità esiste, c'è, è un dato di fatto ed è umana ma sembrerebbe non essere prerogativa degli uomini dal momento che gli insegnamenti impartiti nel corso della vita non prevedono minimamente la possibilità di accettare – per un ragazzo – le proprie debolezze. Una carenza che non deve mancare di far riflettere l'educazione anche per evitare ciò che di fatto sta già accadendo, almeno per il body shaming e la grassofobia: "Qualsiasi tipo di liberazione dei sessi dovrebbe in questo modo provenire solo dalla forza mostruosa delle bambine piccole, soltanto a loro spetterebbe portare sulle spalle il peso del cambiamento e inevitabilmente rimbalzerebbero contro il muro di gomma dell'ignoranza e della mancanza di sensibilità maschile, sperimentando l'impossibilità degli uomini a cambiare."[98]

Gli uomini, imprigionati nei loro ruoli socialmente incentivati, risultano totalmente (o quasi) assenti da alcuni campi di battaglia nei quali è però in gioco anche il loro benessere. Il rischio è quindi quello di delegare a qualcun altro il compito di cambiare le cose. Questo è in parte giusto: non tutti possiamo occuparci di tutto. Il mondo educativo può farsi carico del problema e cominciare a proporre (come stiamo vedendo) una serie di alternative capaci di far sentire meno soli, se così possiamo dire, gli uomini di fronte ai loro sentimenti e al contempo una serie di interventi mirati ad accendere quella miccia capace di dar luogo al fuoco del rinnovamento: "Vestiti, giochi e giocattoli, attività e libri separati, differenziati per genere diventano l'humus di una cultura che separa e crea stereotipi che diventano sempre più difficili da cancellare. Nel caso ci si voglia discostare da questi schemi culturali, si correrà il rischio di essere visti come una anomalia. Invece, occorrerebbe incoraggiare sin da piccoli ad avere gusti e interessi autonomi, non indotti da una aspettativa sociale, che classifica in un determinato modo e che si attende comportamenti e idee stereotipate."[99]

Le vie da seguire potrebbero essere due: da un lato quella riguardante la destrutturazione dei ruoli di genere attraverso percorsi educativi capaci di minare le fondamenta della rappresentazione sociale imperante; dall'altro, invece, quella

---

[98]Grabrucker M., *Tipico delle bambine. La formazione nei primi tre anni di vita,* Roma, Armando Editore, 2002, p. 204

[99]Sforza S., *Svestirsi degli stereotipi e dei ruoli di genere,* 2016, www.dols.it, visionato in data 12/10/2021

del sostegno educativo al cittadino che ha scelto di emanciparsi da determinate visioni. Si tratta, a nostro parere, di dover compiere un passo ulteriore verso l'uso delle scienze dell'educazione in ambiti che non siano unicamente scolastici, didattici o emergenziali, immaginando percorsi capaci di affiancarsi alla persona e di guidarla verso la ricerca in società della migliore forma di se stessa. In questo, noi crediamo, insieme alla psicologia e alla sociologia, le scienze dell'educazione possono fare molto per proporre il loro punto di vista e per far sì che gli educatori socio-pedagogici e i pedagogisti possano aprire una breccia importante nello status quo, venendo percepiti da aziende, terzo settore, comunità, privati, ecc. come risorse a cui fare riferimento nella volontà di costruzione di un percorso di vita alternativo, includendo anche il risvolto lavorativo.

Un impegno ulteriore che apre sicuramente scenari affascinanti e che tira in ballo anche il mondo accademico, nella costruzione di percorsi di formazione per queste due figure capaci di tenere conto dell'ulteriore necessità di intervento.

21

I social e l'offesa

Comunicare incessantemente sembra essere l'invito più succulento della nostra epoca: cellulari, computer, tablet, aprono le porte su universi digitali nei quali è d'obbligo comunicare qualcosa attraverso una gamma variegata di possibilità: canzoni, fotografie, pensieri, articoli, video, ogni strumento è utile affinché si possa digitalmente esistere. Ci sembra quasi di non star facendo una vacanza, se le prove non finiscono sui nostri social; ci appare quasi superfluo tagliare i capelli o tingerli se non vengono mostrati attraverso la pubblicazione di una foto; dà meno gusto ascoltare una canzone se non la si condivide; ci pare che la nostra ideologia politica possa essere dimenticata se non la si esprime nero su bianco sul web. Potremmo continuare all'infinito: l'uso massiccio di internet e dei social network pone i professionisti della relazione di aiuto di fronte ad una problematica vastissima che richiede la massima attenzione. Lungi da noi volerci inerpicare sul sentiero insidioso del saggio uso di questi strumenti ma non possiamo esimerci dal notare come, attraverso la somministrazione del questionario, il mondo digitale sia stato chiamato in causa dagli interpellati come uno dei 'luoghi' più fertili per episodi di grassofobia e body shaming nonché uno degli ambiti sui quali, a loro dire, si debbano concentrare le risposte. Come abbiamo visto, quasi il 70% degli intervistati ha indicato il mondo digitale come uno dei luoghi più predisposti alla ghettizzazione di corpi non conformi ad uno standard di bellezza ma il dato, di per sé già numericamente interessante, si arricchisce di ulteriori informazioni che il campione ha dato nelle risposte aperte.

Interpellati su quali strumenti ritenessero utili per i contrasti ai fenomeni in oggetto, molti di loro hanno posto l'attenzione al mondo della comunicazione online. Qualcuno, riferendosi probabilmente all'area del marketing, ha suggerito di: *"Mostrare in comunicazione corpi di uomini grassi"* e quindi di *"Evitare di mitizzare il corpo perfetto"* aprendo di conseguenza le porte ad una pubblicità *"con più tipologie di corpo"*.

Ma se da un lato questa appare come una possibile risposta, l'insidia è dietro l'angolo: "Haters è un neologismo coniato dall'inglese e letteralmente significa 'odiatore'. Viene usato in riferimento a una persona che, approfittando dell'anonimato, usa parole piene di odio e violenza nei confronti di un'altra persona online, nascondendo se stesso dietro uno schermo. […] A emergere, in questi contesti, è il fatto che alcune categorie di utenti vengano prese di mira da questo genere di commenti molto più di altre."[100]

Esporsi per combattere equivale, dunque, ad essere ovviamente anche più esposti ad episodi di grassofobia e body shaming.

---

[100]Salamone M., *Haters: cosa sono e come gestirli*, 2021, www.accademiacivicadigitale.org, visionato in data 14/10/2021

Vi è però un intervento sul quale il mondo educativo può ragionare e di cui può fare tesoro per provare ad offrire un altro punto di vista alla società e anche in questo caso ci serviamo delle interessanti parole di un intervistato: *"Azioni rivolte alla normalizzazione delle figure non comunemente ritenute aderenti ai canoni estetici standard, attraverso l'inserimento in contesti comunicativi in cui le loro caratteristiche, come ad esempio il peso, non abbiano influenza sulla loro caratterizzazione e sulla narrazione delle loro storie."*

La cosa ci pone di fronte ad un interrogativo interessante: mostrare corpi non standardizzati con una frequenza maggiore aiuterebbe, con l'andare del tempo, a spazzare via quell'aura di atipicità che in qualche modo ne sancisce la diversità agli occhi delle rappresentazioni sociali; tuttavia, però, una narrazione priva di caratteristiche incentrare sulle peculiarità fisiche prese di mira dallo scherno potrebbe al contempo comunicare che l'importanza non risiede nell'aspetto fisico di un essere umano ma in ciò che lo caratterizza come persona: i suoi vissuti, i suoi sogni, le sue aspirazioni, le profonde motivazioni che lo hanno spinto ad intraprendere determinati percorsi di vita.

Le conseguenze del cyberbullismo sono lampanti: "In uno studio condotto in Spagna nell'anno 2011, furono esaminati 1.127 studenti delle scuole primarie e secondarie di primo grado, tra i 10 e i 12 anni [...] emerse una percentuale di vittime di cyberbullismo pari al 24.2%. I bambini che avevano subito atti di cyberbullismo mostravano abilità sociali inferiori alla media, elevata paura di ricevere giudizi negativi e di parlare in pubblico e maggiori livelli di ansia nelle situazioni sociali. [...] riportano, tra le importanti ripercussioni sulle vittime, stati d'ansia, depressione, rischio suicidario, bassa autostima e l'aumento delle condotte devianti come l'abuso di alcool e di sostanze stupefacenti."[101]

A questo punto, la compagine educativa è chiamata in causa in maniera abbastanza importante. Da un lato, si potrebbero pensare percorsi di sensibilizzazione per un uso consapevole dei social, dall'altro si potrebbe cercare di tornare a far sentire la propria voce su meccanismi sociali che corrono il rischio di indirizzare certe esistenze su percorsi ben lontani dalla felicità e dal raggiungimento di una soddisfazione esistenziale personale.

Educativamente, dunque, come detto in precedenza, possiamo agire affinché la percezione dell'altro e delle sue istanze (che siano o meno pubblicate online) risultino sempre di primaria importanza: "Quando il body shaming viene agito attraverso i social, questi fanno da filtro fra la vittima e il bullo, dove quest'ultimo […] non ha un feedback immediato della reazione della vittima, percepisce quindi le conseguenze di questa azione in maniera attutita. Questi haters si connotato per mancanza di empatia e di assunzione di responsabilità per le proprie azioni, essi non sono in grado di prendere coscienza dell'impatto emotivo che questo agito avrà sulla vittima e di conseguenza neanche dei risvolti negativi per quella persona."[102]

I percorsi di potenziamento del sentire empatico appaiono

---

[101] Larosa E., Lucantoni M., *Body shaming e cyberbullismo: due facce della stessa medaglia?*, 2020, www.istitutopsicoterapie.com, visionato in data 14/10/2021

[102] Morelli T., *Quando l'apparenza è più importante, il body shaming*, 2021, www.citiesse.org, visionato in data 14/10/2021

assolutamente fondamentali per riuscire a scardinare, sia nei luoghi fisici che in quelli fatti di pixel, l'istinto normalizzatore che spinge a sanzionare ciò che appare divergente in qualche modo. A ciò si affiancano, naturalmente, tutte le iniziative di carattere giuridico, sulle quali comprensibilmente non ci soffermeremo ma che vanno citate anche per rispettare il punto di vista di alcuni intervistati che hanno trovato nella sanzione la risposta migliore per gli atti denigratori. Qualcuno ha invece indicato altre strade: *"Consulto psicologico e rieducazione dei soggetti predisposti a praticare il body shaming"* evitando forse, però, di concentrarsi su quanto la società faccia la sua parte nel costruire aspettative al di fuori della portata dei suoi stessi componenti.

A tal proposito, intendiamo menzionare l'ironica proposta di un altro intervistato: *"Tornare indietro nel tempo per fare abortire la mamma di quello che ha inventato Photoshop."* Consci della crudezza della frase, riteniamo però anche interessante la proposta che ne viene: se i luoghi digitali offrono modelli che non si possono raggiungere, qualunque corpo al di fuori delle linee guida non scritte sarà un corpo vilipeso, un corpo reietto, un corpo respinto. Ci si potrebbe chiedere, quindi, se dal punto di vista educativo non sia possibile impegnarsi anche per l'emersione di modelli differenti. La proposta di strade alternative per la propria felicità può fare la differenza, a condizione però che l'educazione si proponga un intervento diretto anche nei confronti della società stessa, pena il fallimento del tentativo sul lungo termine. Questo, naturalmente, riguarda in maniera importante anche il mondo digitale dove tutto deve necessariamente brillare e coincidere con quanto deciso dalle rappresentazioni sociali: "I maschi sono così al centro di una sovrapposizione di stimoli diversi, di aspettative di virilità abbastanza irrealistiche e chiunque non si conformi ai modelli di mascolinità viene escluso. Se ci aggiungiamo il fatto che per un uomo non è previsto o è difficile esternare le proprie fragilità […] non risulta strano che secondo una ricerca condotta a Antonios Dakanalis dell'Università degli Studi di Milano-Bicocca, l'80% degli studenti universitari sia insoddisfatto del proprio corpo."[103]

Si può immaginare un mondo digitale dove l'empatia e il sentire l'altro non siano utopie? Se molti dei movimenti nati per rispondere ai fenomeni della grassofobia e del body shaming hanno visto la luce proprio sui social, la risposta potrebbe non essere così nefasta come in un primo momento saremmo portati a immaginare.

Ci vogliono, però, percorsi educativi efficaci e radicati nelle realtà sociali: i posti di lavoro, le palestre, la famiglia, la scuola, le istituzioni, l'universo comunicativo. Ci vorrebbe, insomma, una alleanza poderosa. Siamo convinti che il mondo dell'educazione possa farsi portavoce e possa agire da collante e da supervisore per questa delicata scommessa.

---

[103]Guerra J., *Gli standard di bellezza maschili esistono. E fanno male agli uomini,* 2019, www.thevision.com, visionato in data 14/10/2021

22

A scuola di accettazione

"I fatti dicono che quasi nove adolescenti su dieci, almeno una volta, hanno subito attacchi di quel genere. Inolte, come anticipato per circa tre su dieci è praticamente un fatto quotidiano ricevere offese sul proprio aspetto fisico, che hanno il potere di far sviluppare vergogna o disagio in chi ne è vittima. Chi sono i principali colpevoli? Soprattutto i coetanei (è così nel 60% dei casi) ma non manca chi subisce il fenomeno il più delle volte per mano sempre di giovani ma di età più avanzata (lo dice l'8% degli intervistati) o addirittura dagli adulti (il 20%)."[104]

Non sono mancati, nelle risposte degli interpellati dal questionario, numerosi riferimenti all'ambiente scolastico. Più del 70%, infatti, ha individuato nella scuola uno dei luoghi più fertili per episodi ghettizzanti e offensivi, riconoscendo nell'età della primissima adolescenza e in quelle successive i momenti nei quali hanno subìto il maggior numero di insulti sul proprio aspetto fisico. Le scuole sembrerebbero, dunque, senza che questo ci sorprenda poi molto, delle realtà particolarmente problematiche quando si parla di corporeità e di accettazione

---

[104]Cosimi S., *Body shaming, problema quotidiano per tre adolescenti su dieci,* 2021, www.startupitalia.eu, visionato in data 14/10/2021

della propria persona e dell'altrui presenza'. Cosa viene messo in campo per contrastare il fenomeno?

La preoccupazione in merito è evidente: "L'identificazione precoce nell'età adolescenziale e del giovane adulto di stati potenzialmente a rischio di condurre a un'alterazione del progetto di vita e dei propri obiettivi di autorealizzazione è un tema particolarmente cruciale che desta molto interesse. Una buona comprensione delle cause e dei fattori scatenanti in gioco e il loro controllo tempestivo possono prevenire la loro complicazione o lo scatenamento di veri e propri disturbi a connotazione clinica. Nell'ottica preventiva è, altresì, rilevante riconoscere precocemente i fenomeni, ma anche darvi il giusto peso ed evitare, quindi, interventi non giusitificati o un'eccessiva medicalizzazione."[105]

A questo punto, risulta chiara l'importanza della compagine educativa. Farsi trovare impreparati di fronte alle difficoltà dei giovani, significa consegnare ai farmaci ragazzi che avrebbero potuto – probabilmente – godere di una sorte diversa.

Non sono pochi i suggerimenti arrivati dagli intervistati in merito alla rimodulazione dell'apparato didattico scolastico, affinché possa mostrarsi più accogliente nei confronti di tematiche importanti come l'educazione all'empatia e all'affettività: *"Presumo, non ho dati in merito, che possa essere utile se svolta in maniera sistematica sin dalle elementari."* suggerisce qualcuno; *"Andrebbe inserita nei programmi didattici scolastici, con la stessa importanza della*

---

[105](a cura di) Morganti C., Monzani E., Percudani M., *Adolescenti in bilico.*
   L'intervento precoce di fronte ai segnali di disagio e sofferenza psichica,
   Milano, Franco Angeli, 2018, p.11

storia, della matematica e dell'italiano." qualcun altro. Se la fiducia in queste armi è così elevata, non resta che predisporre un cambiamento forte che abbia origini educative e pedagogiche tali da riuscire a incidere effettivamente sulla qualità della vita degli studenti.

L'educazione può davvero fare la differenza e sembrano convinti anche gli interpellati: *"Si dice ai bambini sin da piccoli che esistono diverse forme fisiche e che tutte sono da rispettare."* *"È fondamentale ricevere un tipo di educazione che possa insegnare ad accettare la diversità in tutti i suoi aspetti."*

Potremmo andare avanti a lungo ma preferiamo concentrarci su quanto emerso: la sensazione è che l'educazione all'altro possa essere una risorsa fondamentale per il contrasto ai fenomeni di body shaming e grassofobia e, più in generale, agli atti di bullismo – almeno in linea di massima. Non manca chi fa notare: *"Non si può insegnare l'empatia."* ma è doveroso, quantomeno, provarci.

Ampliare i programmi ministeriali potrebbe essere un'idea da non sottovalutare e per questo aspetto noi crediamo che la figura dell'educatore socio-pedagogico e del pedagogista possano fare molto, se inseriti stabilmente in un organico scolastico che sappia ri-conoscere la loro professionalità e sia disposto a dare ascolto alle loro istanze: *"I temi più specificatamente legati all'educazione affettiva vengono svolti nel secondo ciclo della scuola primaria o nella secondaria di I grado. L'attivazione degli interventi parte a volte da emergenze, come gruppi-classe particolarmente conflittuali o episodi di bullismo. Gli studi, a partire dai primi (ormai datati),* concordano sulla necessità di un lavoro su tutte le componenti della classe e della scuola, in un parola l'educazione globale del contesto [...] Diversi sono gli strumenti a disposizione del pedagogista che attiva in stretta collaborazione con i docenti [...] Le attività prevedono la presenza in classe del pedagogista per alcuni momenti, in altri, la supervisione per i docenti."[106]

Laboratori, esperienze artistiche, momenti di incontro e di riflessione, consulenza, supervisione: si possono predisporre diverse modalità di intervento, sia con gli studenti che con il corpo docente, al fine di rendere tutto il sistema conscio della problematica e delle possibili risposte da mettere in campo e lo si può fare – noi crediamo fortemente – ben prima che vi sia un'emergenza su cui intervenire. Non abbiamo più bisogno che l'atto di body shaming apra le porte agli interventi, così come non vi è più bisogno di attendere l'arrivo dell'ennesimo gommone per predisporre un sistema di accoglienza che sia realmente efficiente e propositivo; l'agire nella contingenza emergenziale può essere una risposta di fronte a fenomeni di cui sappiamo poco, ma non può continuare a sussistere come scusa anche quando abbiamo compreso perfettamente cosa abbiamo di fronte. Cominciare a progettare scenari utili fin dalla primissima età ci potrebbe consentire di costruire, nel tempo, una coscienza sociale diversa, più empatica, meno egoriferita, più sensibile, più accorta alle proprie esigenze emotive e a quelle dell'alterità.

Naturalmente, affinché la pedagogia si mostri come inclusiva

---

[106](a cura di) D'Alonzo L., Mariani V., Zampieri G., Maggiolini S., *La consulenza pedagogica. Pedagogisti in azione,* Roma, Armando Editore, 2012, p. 113

ed effettivamente lo sia, è necessario che si faccia carico di tutto ciò che non è ancora incluso nell'inclusione, potremmo dire. Di fronte alle varie forme di disagio, è bene che trovi spazio anche quella riguardante la propria corporeità e tutto ciò che ne consegue. In sostanza, si tratta di non tralasciare nessuno dei nuovi (?) bisogni e dei nuovi disagi: "Ai più vivere sembra semplice. […] Tuttavia capita, non a tutti e non sempre, che tale flusso (vitale) venga interrotto. Si inceppi, smetta di scorrere rassicurante e previsto. È la morte prematura di un amico o di un familiare, la malattia irrversibile che dura, le difficoltà impreviste che rallentano la corsa verso la mira da raggiungere o, semplicemente, la noia che ti assale."[107]

L'educazione deve farsi carico dei meccanismi inceppati e proporre delle alternative capaci di rompere gli schemi costituiti. Si tratta, insomma, di tornare ad osare, immaginando una società libera dai presupposti che danno luogo all'insorgere di censure nei confronti di ogni tipo di diversità, compresa quindi quella fisica. Non si tratta, come qualcuno degli intervistati diceva, di rieducare; l'opposto! Si tratta di "Smascherare la funzione assunta storicamente dalla pedagogia come disciplina della 'rieducazione' e del 'raddrizzamento' in ordine alla definizione del 'soggetto deviante'."[108]

Aprire le porte alla possibilità dell'altro come missione esterna, dunque, da affrontare come detto nelle realtà sociali più

---

[107](a cura di) Palmieri C., *Crisi sociale e disagio educativo. Spunti di ricerca pedagogica*, Milano, Franco Angeli, 2013, p. 58

[108]Barone P., *Pedagogia della marginalità e della devianza. Modelli teorici, questione minorile, criteri di consulenza e intervento*, Milano, Guerini, 2011, p. 24

disparate, ma anche come missione interna: riflettendo su quanto fatto fino a questo momento e sulla possibilità che anche le scelte pedagogiche fin qui compiute abbiano in qualche modo aperto le porte al concetto di *normalità* e quindi di standard.

23

Il pedagogista verso il futuro

"Il pedagogista è un teorico dell'educazione e un esperto che si dedica a formare gli educatori convenzionali. La pedagogia non si può limitare all'ambito scolastico, ma è penetrata nei diversi spazi della società: l'educazione non formale, l'impresa, l'educazione specializzata, ecc."[109]

Ci chiediamo, a primo impatto, se ciò sia vero.

"Non esiste una definizione univoca ma alla domanda 'chi è il pedagogista?' a me piace rispondere: è un professionista di livello apicale che, occupandosi di educazione e formazione, realizza interventi concreti capaci di rispondere ai bisogni educativi del bambino come dell'anziano, per migliorare la qualità del loro funzionamento, della loro vita!"[110]

Ci chiediamo, a primo impatto, se ciò sia completo.

La verità è che per chi affronta, nel corso del tempo, lo studio accademico necessario per costruire una professionalità nelle scienze dell'educazione (siano essi educatori socio-pedagogici o pedagogisti) si trova inevitabilmente a dover affrontare la difficile connotazione del mansionario previsto per queste due

---

[109]Pérez Serrano G., *Pedagogia sociale, Educazione sociale. Costruzione scientifica e intervento pratico*, Roma, Armando Editore, 2010, p. 160

[110]Mariniello V., *Pedagogista. Chi è e cosa fa?*, 2019, www.eduspace.it, visionato in data 15/10/2021

figure. Al di là di un corretto inquadramento legislativo (è del 2018 l'entrata in vigore della cosiddetta 'Legge Iori') appare abbastanza fumoso il nucleo stesso delle scienze dell'educazione e quindi, di conseguenza, anche quello che professionalmente sarà il loro futuro. Ogni manuale, ogni contributo scientifico, ogni articolo di settore sembra dire la sua, non allontanandosi mai del tutto da un certo filo conduttore ma ponendo sempre in essere la difficile definizione. Ne consegue che – almeno secondo il nostro parere – l'enorme ricchezza professionale di queste figure vada poi sprecata nelle pieghe di una società che non è stata adeguatamente informata per recepirla e metterla a frutto nel migliore dei modi.

Il pedagogista *può* esercitare la sua professione nei più disparati campi sociali, giacché la formazione e l'educazione rientrano a pieno titolo in ogni tessuto quotidiano ma fatica a far conoscere e probabilmente a ri-conoscere la profondità del suo lavoro, il bagaglio di competenze che ha, il reale slancio che potrebbe fornire al discorso sociale.

Abbiamo provato a sollevare, nel corso del lavoro, un problema educativo importante come quello inerente gli atti di body shaming e di grassofobia ma abbiamo al contempo sollevato la necessità di consegnare allo sguardo educativo l'intero incedere della società; la pedagogia può farsi portavoce di un cambiamento reale dello status quo solo se – da un lato – riesce a riconoscere la sua importanza e – dall'altro – riesce a far sì che questa importanza venga riconosciuta.

Intendiamo, con questo, suggerire l'ipotesi che il pedagogista diventi quindi una risorsa educativa anche e forse soprattutto per la società e per il contesto in cui opera, e questo significa naturalmente sfruttare il continuo dialogo con la materialità educativa per l'ideazione di progetti socialmente impattanti. In parte, naturalmente, questo è già in fieri: operare nelle aziende, nei consultori, nelle scuole, nelle carceri, nelle comunità per minori a rischio, nei centri di accoglienza, di fatto consegna al pedagogista una piccola porzione di mondo sulla quale operare; in parte, però, l'assenza talvolta della pedagogia dalle tavole rotonde, dai contesti quotidiani più stringenti, dalle problematiche concrete, svela forse la scarsa capacità avuta fino a questo momento di proporre una visione alternativa della società con la necessaria incisività.

Il lavoro educativo non è un'astrazione: "L'azione educativa, poiché è rivolta all'uomo nella totalità ed integralità del suo essere, presuppone tanto interesse e capacità a individuare il maggior numero possibile di potenzialità di cui l'uomo è portatore originario, quanto impegno responsabile a interpretare il significato che ciascuna di queste è chiamata a giocare nella crescita globale del soggetto. [...] È lo specifico compito del pedagogista [...] Il pedagogista deve poter esprimere insieme 'intelligenza e coscienza pedagogica', quale condizione fondamentale perché l'educazione e la formazione proposta abbiano una congruenza umana e quindi un significato per i singoli e per la comunità."[111]

Se non è un'astrazione, allora è nel suo concretizzarsi attivo che può trovare la linfa vitale per guardare al futuro con la serenità

---

[111](a cura di) De Natale M. L., *Pedagogia e giustizia. Progetti operativi*, Milano, Edizioni EDUcatt, 2006, p. 9

di chi ha provato a cambiare le carte in tavola.

Stiamo dicendo, in sostanza, che la pedagogia e le figure professionali che vi lavorano devono aumentare il loro impegno nel far conoscere il loro agire quotidiano e, al contempo, aumentarlo per far sì che questo agire abbia una visione diversa di società come obiettivo ultimo.

La si potrebbe definire come una sorta di pedagogia dell'alternativa possibile.

Tornando alla nostra disquisizione, riteniamo importante ribadire la necessità di spazi preposti al dialogo: aprire piattaforme (digitali o no) dove anche gli uomini possano trovare un luogo accogliente per raccontarsi e raccontare aumenterebbe la possibilità di evitare di rimanere muti in un ruolo sociale di fatto castrante e consentirebbe anche la capitalizzazione di materiale umano estremamente importante. Le storie degli altri hanno una valenza educativa intrinseca che – nel giusto dispositivo pedagogico – possono fungere da fiaccole, di fatto rivoluzionando anche il modo di intendere l'alterità smantellando la convinzione che sia qualcosa distante da noi, dalla nostra persona e dal nostro vissuto: "Narrare non è solo consapevolezza, ma una consapevolezza disposta a mettere in relazione il narrante con gli altri [...] Di qui il ribaltamento della più comune espressione 'Educare è narrare' in 'Narrare è educare'. Direi addirittura di più: 'Narrare è formare', e proprio in quanto tale diviene 'educare'."[112]

Ci pare dunque che, insieme agli altri strumenti identificati fino

---

[112](a cura di) Salati E. M., Zappa C., *Storie di scuola. Pedagogia narrativa per l'infanzia,* Novara, Editore XY.IT, 2019, p. 7

a questo momento, anche la narrazione possa essere una delle risposte ai fenomeni di body shaming e grassofobia nonché uno strumento che in mano alla pedagogia possa contribuire all'ideazione di percorsi strutturati verso una riscoperta sincera delle anime sociali, spesso distanti anni luce dalle rappresentazioni e dall'idealizzazione delle figure che questa società dovrebbero abitarla. Si tratta di dar valore alla differenza, si tratta di sdoganarla e di renderla ciò che di base già è: una componente effettiva di un tessuto sociale multisfaccettato ed eterogeneo.

"Continuiamo a proporre visioni, descrizioni, spiegazioni, previsioni, soluzioni attraverso depliant, comizi, conferenze, video, tabulati, strumenti didattici e tecnici, nella ingenua speranza che un aumento di informazioni 'altre' possa 'coscientizzare' e 'risolvere i problemi altrimenti'. Ma questo non accade. E non (solo) perché le persone siano stupide o i sistemi cattivi. Ma perché ci troviamo di fronte e dentro a dilemmi e aporie, inaffrontabili e insolubili su un classico piano logico-analitico-verbale."[113]

Ci piace immaginare – pur con tutti i suoi limiti – la pedagogia come la scienza delle alternative possibili. Probabilmente in pochi altri campi si può vantare una presenza così importante del pensiero critico e di quello creativo, ed è proprio con l'agire creativo che si possono aprire porte fino a questo momento deliberatamente chiuse o al massimo solo un pochino accostate: "Per non rimanere schiacciati da una realtà che ci

---

[113]Euli E., *Casca il mondo! Giocare con la catastrofe. Una nuova pedagogia del cambiamento*, Bari, Edizioni La Meridiana, 2007, pp. 17 – 18

depriva della ricchezza percettiva e cognitiva, espressiva e affettiva; per non inaridire le emozioni, l'originalità di idee e pensieri; per difendere la propria singolare irripetibilità è dunque necessaria una responsabile progettualità formativa che sappia porre la creatività al centro delle sue riflessioni e della sua operatività."[114]
Una sfida possibile.

[114]Minerva Pinto F., Vinella M., *La creatività a scuola,* Bari, Editori Laterza, 2012, pp. 1 - 2

Conclusioni

Nel grande mare dei contributi, ogni goccia può avere due diversi destini: il primo, nella migliore delle ipotesi, è quello di contribuire all'insieme in maniera propositiva e costruttiva, portando con sé suggerimenti, nuova linfa, una nuova visione delle cose o semplicemente facendo suonare un campanello d'allarme che possa essere ascoltato e su cui, di conseguenza, si possano muovere i passi del ragionamento e della progettualità. Il secondo, naturalmente, è quello di finire nel mucchio e di avere una risonanza ininfluente, del tutto insignificante, assolutamente incapace di lasciare un solco di qualunque tipo. Credo che sia un po' questo il pensiero alla fine di qualsiasi scritto metta in gioco il personale interesse dello scrivente e non fa eccezione nemmeno il lavoro che qui si conclude.

Mi premeva sottolineare qualche (apparentemente) banale ovvietà che ritengo però possa essere utile a tirare le fila di quanto proposto.

In primo luogo, come dimostrato dall'adesione e dalla sincera trasparenza utilizzata nelle risposte aperte, spero che il questionario possa essere un primo passo per cominciare a smontare l'idea che all'uomo non interessi parlare di sé, delle proprie sensazioni, del proprio vissuto e del rapporto con il proprio corpo. Rimango convinto che il lavoro educativo di un futuro nemmeno troppo lontano possa concentrarsi sulla creazione di momenti e spazi nei quali anche gli uomini abbiano la possibilità di narrarsi e di narrare, riconoscendo alla narrazione una importanza di gran lunga superiore a quella riconosciuta in alcuni settori. Gli intervistati hanno scelto di mettere a nudo alcuni momenti della loro vita tutt'altro che piacevoli – contravvenendo al dogma secondo il quale la virilità impone un silenzio assoluto sui propri dolori. È un segnale interessante che spero di poter cogliere nuovamente e approfondire successivamente.

In secondo luogo, sottolineo la fiducia espressa nei confronti di tematiche come l'empatia, l'alterità, l'intelligenza emotiva, l'inclusione, l'accettazione di sé e dell'altro. Una fiducia che – allargando l'orizzonte – ho letto chiaramente come una fiducia nei mezzi educativi. Come ogni fiducia, mi auguro possa essere ben riposta e credo sia il caso di adoperarsi seriamente perché questo possa essere possibile, coinvolgendo le realtà territoriali così come i luoghi del sapere e gli universi della comunicazione. Al contempo, però, è anche opportuno farsi carico di chi questa fiducia non l'ha espressa e di chi ritiene che determinate cose non possano essere di aiuto. A tal proposito, menzionerei qualche intervento sul quale ci sarebbe bisogno di ragionare in maniera approfondita e che spero possa servire da terreno fertile per lavori (anche di ricerca) futuri. Un intervistato, alla domanda su quali ritenesse potessero essere degli strumenti efficaci per il contrasto ai fenomeni in oggetto, risponde: *"Non penso ci debba essere un mezzo. È assurdo solo pensare di dover trovare una soluzione o un mezzo per ostacolare pensieri sostanzialmente tossici. È come chiedere un mezzo contro l'omofobia. Mai ci sarà un mezzo grazie al quale, una mente ignorante e quindi incapace di evolversi, possa smettere di discriminare qualcuno semplicemente estraneo ai canoni comuni imposti."* mentre un altro ha annunciato scoraggiato che *"Esiste una diffusa ignoranza."* Ritengo che l'ambito educativo debba capitalizzare la fiducia e farne una miniera di suggerimenti, traendone forza e direzioni da seguire, ma anche che debba farsi carico di chi invece è profondamente amareggiato o semplicemente non pensa che le cose possano cambiare. Nessun problema va lasciato inascoltato, nessun dubbio va messo sotto il tappeto.

A tal proposito, il terzo e ultimo suggerimento che il lavoro ha inteso proporre è quasi un appello ai professionisti presenti e futuri del ramo educativo. Ho insistito molto sulla narrazione perché sono convinto del potere trasformativo e costruttivo del narrare di sé e degli altri; forse, ciò che sento, è una mancata narrazione adeguatamente comprensibile della pedagogia come scienza potenzialmente essenziale per il rinnovamento della società negli aspetti che non ci convincono o che – come abbiamo visto – passano quasi in sordina pur lasciando dietro di sé ferite profonde e problematiche complesse. Affinché nessuno si senta solo di fronte ai propri problemi e alle difficoltà dell'esistenza, il campo educativo può fare molto: con le sue metodologie, con i suoi strumenti, con i suoi modelli, con le sue proposte, con la sua voce può far sì che alcuni bisogni abbiano una risonanza maggiore, che alcuni meccanismi vengano finalmente scardinati, che alcune porte comincino a socchiudersi e soprattutto – lo rimarco – che i cittadini possano non sentirsi soli di fronte alle loro problematiche quotidiane.

È importante intervenire tempestivamente inseguendo un rinnovamento sociale e al contempo facendo sì che la diversità – anche corporea – cominci ad essere considerata una ricchezza al pari di tutte le diversità esistenti. È importante che ci si possa rivolgere ad un professionista senza che il nostro peso parli per noi; è importante poter frequentare i luoghi sociali senza la paura di sentir minacciata la propria essenza; è importante spezzare quel pericoloso circolo vizioso che si crea intorno ai fenomeni di body shaming e grassofobia. Mi ha colpito la risposta di un intervistato che, alla domanda se avesse mai offeso qualcuno per il suo fisico e su quali parti del corpo, ha risposto: *"Le stesse per cui sono stato offeso io."*
Più dell'84% degli intervistati ha espresso un netto giudizio: del body shaming e della grassofobia nell'universo maschile non si parla abbastanza. Ritornando al discorso di apertura, se anche questa goccia si perdesse nel mare senza lasciare alcuna traccia dietro di sé, mi premeva dimostrare come si possa (e si debba) parlare di tutto, soprattutto delle cose taciute. A volte, perché il coro si lanci in melodie meravigliose, basta iniziare con una nota.

Bibliografia

- (a cura di) Bertasio D., *Immagini sociali dell'arte,* Bari, Edizioni Dedalo, 1998;
- (a cura di) Cipolla C., Maturo A., *Sociologia della salute e web society,* Milano, Franco Angeli, 2014;
- (a cura di) Cipriani R., *L'analisi qualitativa. Teorie, metodi, applicazioni,* Roma, Armando Editore, 2008;
- (a cura di) D'Alonzo L., Mariani V., Zampieri G., Maggiolini S., *La consulenza pedagogica. Pedagogisti in azione,* Roma, Armando Editore, 2012;
- (a cura di) De Natale M. L., *Pedagogia e giustizia. Progetti operativi,* Milano, Edizioni EDUcatt, 2006;
- (a cura di) Fardin De Zan A., *Educazione alla cittadinanza come evoluzione del territorio. Modelli educativi europei a confronto,* Milano, Franco Angeli, 2012;
- (a cura di) Ferrante A., Gambacorti-Passerini M.B., Palmieri C., *L'educazione e i margini. Temi, esperienze e prospettive per una pedagogia dell'inclusione sociale,* Milano, Guerini, 2020;
- (a cura di) Gremigni P., Letizia L., *Il problema obesità. Manuale per tutti i professionisti della salute,* Rimini, Maggioli Editore, 2011;
- (a cura di) Morganti C., Monzani E., Percudani M.,

Adolescenti in bilico. L'intervento precoce di fronte ai segnali di disagio e sofferenza psichica, Milano, Franco Angeli, 2018;

● (a cura di) Pagano G., Sabatano F., *Oltre il disagio. Il lavoro educativo tra scuola, famiglia ed esperienze di comunità,* Milano, Guerini, 2020;

● (a cura di) Palmieri C., *Crisi sociale e disagio educativo. Spunti di ricerca pedagogica,* Milano, Franco Angeli, 2013;

● (a cura di) Pennella A. R., *Storie di ordinaria dissociazione. Non pensiero e trauma tra storia, arte e psicoanalisi,* Milano, Franco Angeli, 2019;

● (a cura di) Poggi I., *La mente del cuore. Le emozioni nel lavoro, nella scuola, nella vita,* Roma, Armando Editore, 2008;

● (a cura di) Ronchetti B., Saracino M. A., Terrenato F., *La lettura degli altri,* Roma, Sapienza Università Editrice, 2015;

● (a cura di) Salati E. M., Zappa C., *Storie di scuola. Pedagogia narrativa per l'infanzia,* Novara, Editore XY.IT, 2019;

● Abbatecola E., Stagi L., *Pink is the new black. Stereotipi di genere nella scuola,* Torino, Rosenberg & Sellier, 2017;

● Aleandri G., *Formazione e dinamiche sociali. La diffusione delle tecnologie per lo sviluppo della qualità,* Roma, Armando Editore, 2001;

● Avallone A., *#datastories. Seguire le impronte umane*

sul digitale, Milano, Hoepli Editore, 2021;

● Barone P., *Pedagogia della marginalità e della devianza. Modelli teorici, questione minorile, criteri di consulenza e intervento,* Milano, Guerini, 2011;

● Bassetti R., *Storia e pratica del silenzio,* Torino, Bollati Boringhieri, 2019;

● Biancolella F., *Sistemica ed educazione. Il sistema educativo secondo Luhmann,* Roma, Armando Editore, 2002;

● Blasi G., *Rivoluzione Z. Diventare adulti migliori con il femminismo,* Milano, Rizzoli, 2020;

● Bonafede F., Soprani M., *Empatico sarà lei! Per la mediazione dei conflitti e l'educazione alle relazioni,* Torino, Effatà Editrice, 2010;

● Brezinka W., *Obiettivi e limiti dell'educazione,* Roma, Armando Editore, 2002;

● Busi A., *E io, che ho le rose fiorite anche d'inverno?,* Milano, Rizzoli, 2004;

● Caprioglio I., *Adolescenza. Genitori e figli in trasformazione,* Torino, Il Leone Verde Edizioni, 2015;

● Carboni G., *Strategie web per i mercati esteri,* Milano, Hoepli Editore, 2016;

● Castel R., *L'insicurezza sociale. Che significa essere protetti?,* Torino, Giulio Einaudi Editore, 2004;

● Cazora Russo G., *I fanciulli, la socializzazione e i ruoli futuri,* Milano, Franco Angeli, 2004;

● Ciccone S., *Maschi in crisi? Oltre la frustrazione e il*

rancore, Torino, Rosenberg & Sellier, 2019;

- Compagni S., *Postura da paura. Tutto quello che devi sapere sull'allenamento femminile,* Milano, Sperling & Kupfer, 2021;

- Delli Zotti G., *Introduzione alla ricerca sociale. Problemi e qualche soluzione,* Milano, Franco Angeli, 2004;

- Dewey J., *Le fonti di una scienza dell'educazione,* Napoli, Fridericiana Editrice Universitaria, 2017;

- Di Grazia S., *Quello che alle donne non dicono. La salute al femminile,* Bari, Editori Laterza, 2020;

- Engeln R., *Beauty mania. Quando la bellezza diventa ossessione,* New York, HarperCollins, 2018;

- Erdas F. E., *L'educazione interminabile. Un viaggio nell'utopia,* Roma, Armando Editore, 1996;

- Euli E., *Casca il mondo! Giocare con la catastrofe. Una nuova pedagogia del cambiamento,* Bari, Edizioni La Meridiana, 2007;

- Franco B., *Il linguaggio delle emozioni. 48 storie per sviluppare l'intelligenza emotiva,* Torino, Edizioni Gribaudo, 2020;

- Frescura L., *Elogio alla bruttezza,* Roma, Fanucci Editore, 2011;

- Grabrucker M., *Tipico delle bambine. La formazione nei primi tre anni di vita,* Roma, Armando Editore, 2002;

- Green M., *Body Image and Body Shaming,* San Diego,

Lucent Books, 2017;

- Gruber L., *Basta! Il potere delle donne contro la politica del testosterone*, Milano, Solferino, 2019;

- Iarrera F., Faillaci A., *La comunicazione motivante nella terapia di sovrappeso e obesità. Principi e strategie pratiche*, Torino, SEEd Edizioni, 2015;

- Martiniello L., *Didattica ed educazione nella società tecnologica*, Napoli, Giapeto Editore, 2013;

- Mazzi A., Mazza C., Frezza E., *Educatori senza frontiere. Diari di esperienze erranti*, Trento, Edizioni Centro Studi Erickson, 2015;

- Mazzucato F., *Il corpo grande. Biografia non autorizzata di una modella oversize*, Bologna, Giraldi Editore, 2016;

- Minerva Pinto F., Vinella M., *La creatività a scuola*, Bari, Editori Laterza, 2012;

- Montuschi F., *Gli equilibri dell'amore. Cura di sé e identità personale*, Bologna, Edizioni Dehoniane Bologna, 2015;

- Nenzioni F., *L'arte dello scrivere efficace. Come esprimere idee, sentimenti ed emozioni predisponendo positivamente gli altri nei nostri confronti*, Milano, Franco Angeli, 2000;

- Occhini L., *Rabbia. Dalla difesa all'ostilità*, Milano, Franco Angeli, 2018;

- Ogden T. H., *Vite non vissute. Esperienze in psicoanalisi*, Milano, Raffaello Cortina Editore, 2016;

- Orsenigo J., *Chi ha paura delle regole? Il reale dell'educazione,* Milano, Franco Angeli, 2017;
- Pappalardo M., Monaco G., *La pedagogia del quotidiano,* Torino, Effatà Editrice, 2008;
- Pecollo S., *Io sono bella. La leggerezza non è questione di peso,* Milano, Sperling & Kupfer, 2020;
- Pérez Serrano G., *Pedagogia sociale, Educazione sociale. Costruzione scientifica e intervento pratico,* Roma, Armando Editore, 2010;
- Pinotti A., *Empatia. Storia di un'idea da Platone al postumano,* Bari, Editori Laterza, 2014;
- Preece J., Sharp H., Rogers Y., *Interaction design. Oltre l'interazione uomo-macchina,* Adria, Apogeo Editore, 2004;
- Reichert M. C., *Quello che non abbiamo ancora capito dei maschi. Guida per crescere giovani uomini nel mondo di oggi,* Milano, Edizioni Feltrinelli, 2020;
- Rissotto A., Alvaro F., Rebonato M., *Valutare in ambito sociale. Approcci, metodi e strumenti,* Roma, Armando Editore, 2006;
- Riva M. G., *Il lavoro pedagogico come ricerca dei significati e ascolto delle emozioni,* Milano, Guerini, 2004;
- Sohst K., *Più sensibili più forti. Quando l'alta sensibilità diventa una risorsa preziosa,* Firenze, Giunti Editore, 2020;
- Spagnulo P., *Guida al counseling. I fondamenti tecnici*

della relazione d'aiuto, Salerno, Ecomind Edizioni, 2006;

- Squicciarino N., *Significati dell'abbigliarsi. L'apparire non esclude l'essere,* Roma, Armando Editore, 2017;

- Stagnitta S., *Come in uno specchio. Un viaggio tra cinema e psicologia,* Roma, Ultra Edizioni, 2020;

- Striano M., *Quando il pensiero si racconta,* Milano, Booklet News, 1999;

- Süfke B., *Quello che gli uomini non sanno dire. Le emozioni nascoste dell'animo maschile,* Milano, Edizioni Feltrinelli, 2010;

- Travaini N., *Il dono delle persone sensibili. Guida pratica per fare dell'ipersensibilità il nostro centro di equilibrio,* Milano, Red! Edizioni, 2018;

- Vecchiato G., *Relazioni pubbliche e comunicazione. Strumenti concettuali. Metodologia. Case history,* Milano, Franco Angeli, 2004;

- Viganò R., *Metodi quantitativi nella ricerca educativa,* Milano, Vita e Pensiero Editrice, 1999;

- Wardetzki B., *Pronto soccorso per l'anima offesa. Reagire agli affronti con filosofia e senza risentimenti,* Milano, Edizioni Feltrinelli, 2016

Sitografia

- Ambrosi E., *Grassofobia, quell'assurdo moralismo contro chi è obeso*, www.ilfattoquotidiano.it, 2017;

- Avinotti S., *Stereotipi di genere: perché mettiamo dei limiti alla nostra identità?*, www.changethefuture.it, 2020;

- Barus D., *Obesi e colpevoli? Stigma, pregiudizio e salute*, www.fondazioneveronesi.it, 2018;

- Buzzi A., *Identikit della cultura della dieta*, www.alessiabuzzipsicologo.com, 2020;

- Capasso A., *Stereotipi e ruoli di genere: facciamo chiarezza*, www.unobravo.com, 2021;

- Cerbino C., *L'intelligenza emotiva: una competenza da sviluppare*, www.associatisds.com, 2019;

- Cikada M., *Quello che gli uomini non dicono (... ma provano)*, www.pollicinoeraungrande.it, 2015;

- Cole M., *Body Shaming: che cos'è e perché riguarda anche gli uomini*, www.runtastic.com, 2021;

- Collu D., *Se soltano le magre meritano la felicità*, www.donnamoderna.com, 2018;

- Cosimi S., *Body shaming, problema quotidiano per tre adolescenti su dieci*, www.startupitalia.eu, 2021;

- Cucciari G., *Lookism: il pregiudizio verso i brutti ha un nome*, www.donnamoderna.com, 2021;

- Curcio A., *La bellezza è negli occhi di chi guarda*, www.stile.it, 2016;

- de Durante F., *Body Positivity in Italia: mostrare il proprio corpo senza paura*, www.controcampus.it, 2021;

- De Luca N., *La grassofobia è un problema di giustizia sociale*, www.mardeisargassi.it, 2021;

- Di Cristo I., *La Diet Culture e i suoi effetti collaterali sulla società*, www.passaporto-futuro.com, 2020;

- Ferrari L., *La Fat Liberation ci rende professionisti sanitari migliori*, www.laraferraripsicoterapeuta.it, 2020;

- Ficocelli S., *La bellezza al lavoro paga e chi è brutto merita risarcimento*, www.repubblica.it, 2011;

- Galletti E., *Mi piaccio così come sono. Quali fattori favoriscono la concezione Body Positive?*, www.stateofmind.it, 2021;

- Gambaro F., *Quando grasso era bello*, www.ricerca.repubblica.it, 2010;

- Guerra J., *Gli standard di bellezza maschili esistono. E fanno male agli uomini*, www.thevision.com, 2019;

- Larosa E., Lucantoni M., *Body shaming e cyberbullismo: due facce della stessa medaglia?*, www.istitutopsicoterapie.com, 2020;

- Lupo E., *Ecco perché coltivare la sensibilità maschile*, www.bambinonaturale.it, 2017;

- Maccarone M., *Quanto pesa la diet culture?*,

www.psicoyes.com, 2021;

- Mariniello V., *Pedagogista. Chi è e cosa fa?*, www.eduspace.it, 2019;

- Maschio B., *Corpi dissidenti: body positivity e fat acceptance*, www.thepasswordunito.com, 2019;

- Mazzotta A., *Magro è meglio! Ma chi lo dice?*, www.melaniaromanelli.com, 2021;

- Morelli T., *Quando l'apparenza è più importante, il body shaming*, www.citiesse.org, 2021;

- Nicolella M., *Le modelle curvy sono le nuove protagoniste della moda*, www.stylise.it, 2019;

- Onorato R., *Dick shaming: far vergognare una persona per le dimensioni del proprio pene è una forma di body shaming*, www.guyoverboard.com, 2020;

- Pivot I. R., *Il body shaming colpisce anche gli uomini*, www.ultimavoce.it, 2020;

- Rabbachin G., *Goffman: introduzione allo stigma sociale*, www.lastland.org, 2017;

- Salamone M., *Haters: cosa sono e come gestirli*, www.accademiacivicadigitale.org, 2021;

- Santangelo M., *La sensibilità oggi è un difetto. Per sconfiggere il machismo, dobbiamo fare pace con le emozioni*, www.thevision.com, 2020;

- Santucci K., *Selfie, filtri e labbra ritoccate tra le giovanissime: così nascondiamo le insicurezze*, www.ilcapoluogo.it, 2021;

- Sforza S., *Svestirsi degli stereotipi e dei ruoli di genere,* www.dols.it, 2016;

● Spedicato Iengo E., *La vita come teatro*, www.apassoduomo.it, 2019;

● Torre E., *Weight stigma: cosa è lo stigma sul peso e come si manifesta?*, www.nutrizionistaalucca.com, 2019;

● Zocchi B., *Body Positivity e oltre: facciamo chiarezza sul movimento che promuove la self acceptance*, www.beauty.thewom.it, 2021;

● Zocchi B., *Uomo di panza, uomo di sostanza? Chi se ne frega, è ora di parlare di body shaming al maschile*, www.cosmopolitan.com, 2021;

● Zoli S., *Stigma: come affrontare il veleno contro le malattie mentali*, www.fondazioneveronesi.it, 2020

Ringraziamenti

Rimango sempre sbalordito dalla quantità di persone che gli altri ringraziano al termine di uno scritto.

Nel corso del tempo ho aumentato esponenzialmente la mia selettività, dunque ringrazio in primis la mia capacità di discernimento, che ultimamente mi permette di partecipare quasi sempre solo a tavolate di cui stimo ogni singolo componente.

Ringrazio profondamente mia madre, per il confronto costante e la schiettezza dei sentimenti; mia sorella Stefania, laboriosa e fragile artefice della felicità altrui dimentica troppo spesso della propria; gli amici di sempre, custodi della mia stranezza e pazienti sentinelle della mia serenità.

Ringrazio i partecipanti al questionario di cui non conosco né nome né volto ma che hanno deciso di aprire la loro interiorità ad un perfetto estraneo, dedicando tempo ed energie in un mondo che di tempo non ne ha.

Grazie pure a te, Silvana, per le chiacchierate in cui mi incoraggiavi; quelle chiacchierate mi sono rimaste dentro, come la tua preziosa presenza in un pezzetto della mia vita.

Come promesso, ringrazio sentitamente anche Fabio per non aver fatto assolutamente nulla.